新譯梵網經

王建光 注譯

三民書局

國家圖書館出版品預行編目資料

新譯梵網經／王建光注譯.－－初版五刷.－－臺北市：三民，2022
面；　公分.－－(古籍今注新譯叢書)

ISBN 978-957-14-4117-7 （平裝）
1. 律藏

223.2　　94007704

古籍今注新譯叢書

新譯梵網經

注譯者　王建光
發行人　劉振強
出版者　三民書局股份有限公司
地　址　臺北市復興北路 386 號 (復北門市)
臺北市重慶南路一段 61 號 (重南門市)
電　話　(02)25006600
網　址　三民網路書店 https://www.sanmin.com.tw

出版日期　初版一刷 2005 年 9 月
初版五刷 2022 年 5 月
書籍編號　S032690
ISBN　978-957-14-4117-7

三民書局

刊印古籍今注新譯叢書緣起

劉振強

人類歷史發展，每至偏執一端，往而不返的關頭，總有一股新興的反本運動繼起，要求回顧過往的源頭，從中汲取新生的創造力量。孔子所謂的述而不作，溫故知新，以及西方文藝復興所強調的再生精神，都體現了創造源頭這股日新不竭的力量。古典之所以重要，古籍之所以不可不讀，正在這層尋本與啟示的意義上。處於現代世界而倡言讀古書，並不是迷信傳統，更不是故步自封；而是當我們愈懂得聆聽來自根源的聲音，我們就愈懂得如何向歷史追問，也就愈能夠清醒正對當世的苦厄。要擴大心量，冥契古今心靈，會通宇宙精神，不能不由學會讀古書這一層根本的工夫做起。

基於這樣的想法，本局自草創以來，即懷著注譯傳統重要典籍的理想，由第一部的四書做起，希望藉由文字障礙的掃除，幫助有心的讀者，打開禁錮於古老話語中的豐沛寶藏。我們工作的原則是「兼取諸家，直注明解」。一方面熔鑄眾說，擇善而從；一方面也力求明白可喻，達到學術普及化的要求。叢書自陸續出刊以來，頗受各界的喜愛，使我們得到很大的鼓勵，也有信心繼續推廣這項工作。隨著海峽兩岸的交流，我們注譯的成員，也由臺灣各大學的教授，擴及大陸各有專長的學者。陣容的充實，使我們有更多的資源，整理更多樣化的古籍。兼採經、史、子、集四部的要典，重拾對通才器識的重視，將是我們進一步工作的目標。

古籍的注譯，固然是一件繁難的工作，但其實也只是整個工作的開端而已，最後的完成與意義的賦予，全賴讀者的閱讀與自得自證。我們期望這項工作能有助於為世界文化的未來匯流，注入一股源頭活水；也希望各界博雅君子不吝指正，讓我們的步伐能夠更堅穩地走下去。

新譯梵網經

目次

卷 下

導讀

一、大乘菩薩戒興起

「菩薩戒」，簡而言之，即是發心修大乘者所必須受持的戒律。它有三個內涵：攝律儀戒、攝善法戒、攝眾生戒，它們又被稱為三聚淨戒。從範圍上說，菩薩戒的受持通於在家、出家者。

若依僧肇所言，那麼漢譯經論中的「菩薩戒」一詞大概最早出現於《梵網經》中。其後，在由曇無讖於玄始十年（西元四二一年）開始翻譯的（北本）《大般涅槃經》中，有四處說到了「菩薩戒」，該經對菩薩戒作了提綱挈領的闡釋。

其一，是作為與聲聞戒相對應的菩薩戒：

戒復有二：一聲聞戒，二菩薩戒。從初發心乃至得成阿耨多羅三藐三菩提，是名菩薩戒。

若觀白骨乃至證得阿羅漢果，是名聲聞戒。❶

其二，是作為與世間戒相對應的菩薩戒：

善男子，世間戒者不名清淨。何以故？世間戒者為於有故，性不定故，非畢竟故，不能廣為一切眾生，以是義故名為不淨。以不淨故有悔恨心，以悔恨故心無歡喜，無歡喜故則無悅樂，無悅樂故則無安隱，無安隱故無不動定，無不動定故無實知見，無實知見故則無厭離，無厭離故則無解脫，無解脫故不見佛性，不見佛性故終不能得大般涅槃，是名世間戒，不清淨。善男子，菩薩摩訶薩清淨戒者，戒非戒故，非為有故，定畢竟故，為眾生故。是名菩薩戒清淨也。❷

其三，是與菩薩果相對應的菩薩戒：

若有受持聲聞戒者，當知是人不見佛性及以如來；若有受持菩薩戒者，當知是人得阿耨多羅三藐三菩提，能見佛性如來涅槃。❸

大涅槃微妙經典亦復如是，有八不思議：一者漸漸深，所謂優婆塞戒、沙彌戒、比丘戒、

---

❶《大般涅槃經》卷二八，〈師子吼菩薩品〉第十一之二，《大正藏》第一二冊，第五二九頁上。在東晉法顯以及其他人各種異譯本的《涅槃經》均無現在意義上的「菩薩戒」之名。

❷《大般涅槃經》卷一七，〈梵行品〉第八之三，《大正藏》第一二冊，第四六七頁上。

❸《大般涅槃經》卷二八，〈師子吼菩薩品〉第十一之二，《大正藏》第一二冊，第五二九頁上。

菩薩戒，須陀洹果、斯陀含果、阿那含果、阿羅漢果、辟支佛果、菩薩果、阿耨多羅三藐三菩提果……❹

其四，說到菩薩戒之所依：

> 善男子，如是微妙大《涅槃經》，乃是一切善法寶藏。譬如大海是眾寶藏，是《涅槃經》亦復如是，即是一切字義祕藏。善男子，如須彌山眾藥根本，是經亦爾，即是菩薩戒之根本❺。

大乘菩薩戒是伴隨著大乘佛教的發展而發展的。它授受簡便，持守溫和，在鳩摩羅什譯的《維摩詰所說經》中，有大段的經文說明何為「菩薩行」，這種以菩薩戒所發之菩薩行，能夠體現個體在受戒修行中的主體性和主動性，更符合社會大眾的心理需求，所以大乘菩薩戒很快便流行起來❻。

在《出三藏記集》卷一一的〈菩薩波羅提木叉後記〉中，有「什言此戒出《梵網經》中」之句。顯然，《菩薩波羅提木叉》的譯（撰）出時間一定晚於《梵網經》的譯（撰）時間，

---

❹《大般涅槃經》卷二二，〈師子吼菩薩品〉第十一之六，《大正藏》第一二冊，第五五九頁上。

❺《大般涅槃經》卷三八，〈迦葉菩薩品〉第十二之六，《大正藏》第一二冊，第五八六頁中。

❻白衣緇眾對《維摩詰所說經》的重視和熱情持續了幾個世紀，這與大乘戒的流行與發展是互為因果的。代表性的如魏世宗宣武帝親自登壇講解《維摩詰所說經》，唐詩人王維字摩詰。

即早於西元四〇一年。這說明在西元四〇〇年以前（四世紀下半葉），北中國就有了菩薩戒。在五世紀的前半葉，菩薩戒在北中國可能已經廣為流行起來了❼。菩薩戒流行於南方，可能略為晚些。這至少有三個原因：(1)作為菩薩戒經典的重要翻譯者，曇無讖所譯的經典直到南朝劉宋文帝元嘉年間（西元四二四—四五三年）才南達東晉都城建康❽。這可能會影響菩薩戒的傳播與流行，因為東晉法顯的《涅槃經》譯本沒有現在意義上的「菩薩戒」一詞。(2)由於一般認為《菩薩瓔珞本業經》可能為梁代（西元五〇二—五五七年）出現的偽經，偽經的出現說明了此時此處社會對菩薩戒理論的需要。(3)我們可以從下面兩表看出，在南朝齊梁（約西元四八〇年）之前，南方上層社會（在很大程度上說當然也就是主流社會）主要還是受五戒為多❾。齊梁之後，隨著菩薩戒的流行，上層社會更加傾向於菩薩戒了。參見下表：

帝王	歸依僧	內容
晉孝武帝	支曇籥	受五戒，敬以師禮
齊王侯妃主	釋法願	奉五戒之師，悉遵師禮
長沙王	釋道儒	奉為戒師

❼ 例如，曇無讖在姑臧時就有沙門道進等人要從曇無讖受菩薩戒，而曇無讖是北涼玄始十年（西元四二一年）至姑臧的。

❽ 參見梁《高僧傳》卷二〈曇無讖傳〉，北京：中華書局，一九九二，第八〇頁。

❾ 本表均據梁《高僧傳》之相關本傳而成。

臨川王蕭道規	釋道照	受五戒，奉為門師
宋文惠太子	釋玄暢	奉為戒師
宋少帝	釋僧璩	從受五戒，豫章王子尚崇為法友
晉熙王劉燮	釋道表	宋明帝敕燮從之受戒
齊高祖文宣皇帝	釋僧稠	受菩薩戒[10]
梁武帝	釋僧達	受菩薩戒[11]
陳文帝、宣帝		自稱菩薩戒弟子[12]
隋文帝		自稱菩薩戒弟子[13]
隋煬帝楊廣	智顗	受菩薩戒[14]
（貞觀初）皇太子及諸王，皇后、六宮	釋玄琬	受菩薩戒[15]
唐太宗		自稱菩薩戒弟子[16]

[10] 《釋迦方志》卷下，〈教相篇〉第八，北京：中華書局，二〇〇〇，第一二一頁。

[11] 《高僧傳二集》卷六〈釋慧約傳〉，卷一六〈釋僧達傳〉，金陵刻經處本。

[12] 參見文帝陳蒨〈妙法蓮華經懺文〉、宣帝陳頊〈勝天王般若懺文〉，《廣弘明集》卷二八。

[13] 參見《高僧傳二集》卷三六〈釋道密傳〉，金陵刻經處本。

[14] 參見《佛祖統紀》卷六〈智顗傳〉。

[15] 《高僧傳二集》卷二八〈釋玄琬傳〉，金陵刻經處本。

[16] 參見《全唐文》卷一〇，唐太宗〈宏福寺施齋願文〉。

唐中宗	玄奘	受三歸依[17]
唐中宗	釋道岸	授菩薩戒
唐中宗	釋茂亮	授菩薩戒
武后、中宗	釋恆景	三次被詔入內供為受戒師
唐中宗	釋道亮	受菩薩戒
唐睿宗	釋崇業	授菩薩戒
貞元時德宗、妃主嬪	釋道澄	授菩薩戒
唐睿宗	釋文綱	請為菩薩戒師
唐代宗	釋良賁	請為菩薩戒師[18]
唐德宗	釋唯寬	為帝受菩薩戒[19]
後梁冀王朱友謙	釋存壽	請為菩薩戒師

[17] 《貞元新定釋教目錄》卷一二《總集眾經錄》上之一二，《大正藏》卷五五，第八六〇頁。

[18] 從釋道岸至釋良賁，均見（宋）《高僧傳》卷一四之〈釋道岸傳〉、〈釋曇一傳〉、〈釋崇業傳〉、〈釋文綱傳〉，卷五之〈釋恆景傳〉、〈釋良賁傳〉，卷八之〈釋道亮傳〉，卷一六之〈釋道澄傳〉，中華書局本，第三三七，三五二，三四二，三三三，九〇，九九，一八三頁。

[19] 參見（宋）《高僧傳》卷五〈釋文質傳〉，中華書局本，第九九頁。釋唯寬為釋文質的叔叔。原傳並沒有說釋唯寬為誰授菩薩戒。但原文有「寬被詔入長安，止大興善寺，重詔入內道場，兼請受菩薩戒。質隨寬入內，年十五，誦《法華》……」之句，本傳還說釋文質於唐懿宗咸通二年（西元八六一年）入滅，春秋八十四。當知釋文質生於西元七七七年（唐代宗大曆十二年）。其十五歲（西元七九二年）之前不久時當屬唐德宗（在位於西元七八〇—八〇四年）時期。

（後）漢南國王錢氏	釋道潛	請受菩薩戒⑳

從歷史上看，在西元五〇〇年前後，菩薩戒在中國已經是廣為流行的了。

在大乘戒的翻譯和流傳中，曇無讖起到了極為重要的作用，他與鳩摩羅什基本同時或略晚譯出了《大般涅槃經》、《菩薩地持經》、《菩薩戒本》、《優婆塞戒經》等一系列反映大乘精神和戒相的重要經典。在大乘菩薩戒的授戒中，他可能也是最早的推動者。雖然我們可以從僧肇的〈梵網經序〉中知道，道融、道影在譯完《梵網經》後即受了菩薩戒，但是怎麼受得的卻沒有明說。而慧皎的《高僧傳》卻詳實地記載了，曇無讖玄始十年（西元四二一年）在姑臧為沙門道進授菩薩戒一事。㉑

除了鳩摩羅什和曇無讖之外，玄奘也翻譯了一些經論，對菩薩戒思想的發展與完善起著重要的推動作用。

二、《梵網經》及其基本思想

《梵網經》是菩薩戒重要且基本的經典。

⑳ 釋存壽和釋道潛參見（宋）《高僧傳》卷十三〈釋存壽傳〉，中華書局本，第三〇六頁。

㉑ 參見梁《高僧傳》卷二〈曇無讖傳〉，中華書局本，第七六—八一頁。

《梵網經》今本共上下兩卷，全稱為《梵網經盧舍那佛說菩薩心地戒品第十》，又作《梵網經菩薩心地品》。梵者，能淨之義；網者，攝有情義。「梵網」原是指大梵天王的因陀羅網，重重交織。因在本經中，諸梵王持羅網幢供佛而聽法，佛因此說諸世界差別猶如網孔，並以梵網來比喻佛教之法門，其用無邊，重重無盡，法身莊嚴，圓融無礙。法王說法，如梵網一般孔多網一，雖塵沙量門但終歸一道，是故從喻名為《梵網經》。《梵網經》現收於《大正藏》第二四冊（經文編號一四八四），金陵刻經處也有刻本流通。

從內容上，《梵網經》說明菩薩修道之階位及應受持之十重、四十八輕之戒相。其廣本之卷數，有諸多異說。據僧肇〈梵網經序〉所言，大本《梵網經》共有六十一品，一百二十卷，但沒完整譯出，僅譯出其第十品，也即今本《梵網經》兩卷。不過，今本《梵網經》若真出於梵筴，它也應該是大本《梵網經》的一個簡明扼要、提綱式的篇章，凝聚了大本的精華。這一點我們從文中不斷出現的「在××品中廣說」即可看出。這說明鳩摩羅什在翻譯本經之前對大本是作了充分地研讀領悟的。

長期以來，對《梵網經》的真偽（撰譯）問題，一直未能確定。據僧肇的〈梵網經序〉所說，《梵網經》當為姚秦時鳩摩羅什所譯，然後世仍有懷疑。理由是：一，因為《出三藏記集》卷二譯經條及卷一四〈羅什傳〉等，均未舉此經之名；二，隋代法經等撰《眾經目錄》中，已把《梵網經》二卷列在「眾律疑惑」條下，並說「諸家舊錄多入疑品，右一戒經，依舊附疑」。可見在隋代以前，此經已編入疑品。因此，傳統上認為該經係出於中國僧人之手。這即是歷史上關於《梵網經》真偽的爭論之源。筆者通過對幾種大乘經律的研讀，竊認為，本經有兩種可能，一是中土義學僧人或律師從梵文經律論中摘譯雜糅而成，故而其既是譯又是撰寫；二是鳩摩羅什與門人在廣研大本《梵網經》的基礎上而成的摘編（譯）本。

據學者研究，《梵網經》可能從南朝宋時即已得到流傳、講授。相傳慧皎撰有《梵網經疏》三卷（有云《梵網戒義疏》）。到了隋代，智顗撰有《菩薩戒義疏》講習弘揚，從此該經即被作為大乘基本經典受到重視，並成為中國漢地傳授大乘戒最有權威的典籍，受到中國大乘各宗的重視，其思想與儀規也都融入中國佛教之中。

正如一個時代的法律及其法律思想反映了一個時代的政治、經濟、文化的本質一樣，從某種意義上說，《梵網經》也是大乘思想的一種概括。《梵網經》上卷對佛教義理進行了簡要的、玄學化的說明，並對小乘的有關思想作了大乘的理解和詮釋，從而使下卷的十重、四十八輕的戒律思想就建立在牢固紮實的大乘義理之中。儘管此經在歷史上被認為是中國人士所撰，而非由梵筴所出，但因其言簡意賅、行文雋永、結構緊湊、邏輯嚴密、思想豐富、乘戒兼具，概括地闡述了大乘佛教的思想和主旨，有玄學、有義理、有戒律，使人讀之琅琅上口，又意蘊深長，故而深受僧俗兩界的喜愛。二萬餘字的《梵網經》，實為大乘經典的袖珍手冊和簡明讀本。

《梵網經》上卷說的是菩薩心地法門，以釋迦佛在第四禪地中的摩醯首羅天王宮，與無量大梵天王和不可說數的菩薩眾，向盧舍那佛問菩薩之行因的形式展開的。主要說了十發趣心、十長養心、十金剛心等三十心及十地等四十法門。

依智顗之說，因為《梵網經》一本乃鳩摩羅什最後誦出，誓願弘宣，所以一言三複，文義幽隱，旨趣深玄。可能正因為上卷有了太多的玄學味道，所以歷史上多流行下卷，並把它單獨抽出，稱之為《大乘菩薩戒本》、《梵網菩薩戒經》、《菩薩戒本》、《多羅戒本》、《菩薩波羅提木叉經》、《梵網經盧舍那佛說菩薩十重四十八輕戒》等，歷代高僧大德居士注本眾多。恰似儒者將〈中庸〉和〈大學〉從《禮記》中抽出而傳播講解一樣。

下卷採用盧舍那佛陳述的形式，先廣述了佛的生平，然後才弘演十重、四十八輕戒，即由釋迦佛於娑婆世界閻浮提洲之菩提樹下所揭示。

與佛經的基本構成一樣，下卷主要內容也分三大部分：從卷首開始到「是故，大眾諸佛子，應受持，應讀誦，應善學」為序分；第二部分為十重、四十八輕戒為正宗分。其中四十八輕隨文所結，又分為五個層次。最後為流通分。下卷結構，以表明之：

梵網戒本

第一部分	第二部分		第三部分
序分	正宗分		流通分
	十重	四十八輕	
	殺戒、盜戒、婬戒、妄語戒、酤酒戒、說四眾過戒、自讚毀他戒、慳惜加毀戒、瞋心不受悔戒、謗三寶戒	從第一不敬師友戒到第十畜殺具戒 從第十一國使戒到第二十不行放救戒 從第二十一瞋打報仇戒到第三十不敬好時戒 從第三十一不行救贖戒到第三十九不修福慧戒 從第四十揀擇授戒戒到第四十八破法戒	

作為中國大乘佛教的重要經典之一，《梵網經》不僅推動了菩薩戒在社會上的廣為流行，同時，其各種注疏本也層出不窮。

其中影響較大的有：南朝陳代智文的《菩薩戒疏》二卷；隋代智顗之《菩薩戒義疏》二卷，唐代明曠刪補之《天台菩薩戒疏》三卷；唐賢首大師法藏撰的《梵網經菩薩戒本疏》三卷（或本六卷，又稱為《梵網戒本疏》、《梵網戒疏》或《梵網法藏疏》，收於《大正藏》第四〇冊）；唐法銑撰的四卷本《梵網經菩薩戒疏》（現存上）；明蕅益大師的《梵網懺法》一卷（又作《梵網經懺悔行法》，收於《卍續藏經》第一〇七冊）；蕅益大師注、道昉校訂的《梵網經合注》共三卷（或本七卷，也有說八卷，或稱為《梵網經心地品合注》、《梵網合注》，收於《卍續藏經》第六〇冊），此係對《梵網經‧菩薩心地品》之注釋。

另外，新羅太賢撰有《梵網經古迹記》（又稱《梵網古迹記》、《梵網經古迹》），凡三卷，分為卷上本、卷下本末，或作兩卷，收於《大正藏》第四〇冊），乃其參照智顗、法藏、義寂等諸疏所集釋而成，對《梵網經》分別以「時處、機根、藏攝、翻譯、宗趣、題名、本文」等七門注釋分別，別立一家之見，對律宗、真言宗和法相宗等有所影響。

另外，像日僧凝然的《梵網戒本疏日珠鈔》五十卷等，也都是有影響的注疏本。

《梵網經》歷來被視為中國大乘菩薩戒的第一經典，頗為中國、日本佛教界所重視，對後世有著深遠的影響。在唐代，該經甚至被轉譯成藏文，稱《法廣母經》，收入藏文大藏經《甘珠爾》內。晚唐時流行《大乘瑜伽金剛性海曼殊室利千臂千缽大教王經》（傳為金剛智或不空所譯），也被認為是依此經擴編而成。

三、《梵網經》與中國律宗

隋唐時各宗都十分重視《梵網經》。如天台宗智顗及其門人，華嚴宗人法藏、澄觀，以及法相宗等僧眾都常碩習《梵網經》和菩薩戒。因此，各宗僧眾都有不少的《梵網經》的注疏問世。

但值得一提的是，同樣以弘宣戒律為己任，但南山祖師道宣對本經卻沒有專門的注疏。在直到明代為止這段相當長的時期內，律宗門人似乎都無視《梵網經》的存在。至於大乘菩薩戒另一重要經典《地持經》，雖然也有北朝義學僧人或律師如僧苑、慧順、靈裕、法正為之作疏；齊慧光、曇遷亦弘此經，靈裕弟子曇榮專精此部，隋慧遠也精研《地持疏》。但湯用彤先生認為，南山一宗，則殊少研之者。在唐時，少數幾位注疏弘講過《梵網經》的律師也大都不為慧光—道宣一系的。他們是：智文（有《菩薩戒疏》二卷）、道成（曾講《菩薩戒品》等經律一百二十多遍）、惠主（明《菩薩戒》）、惠旻（作《道俗菩薩戒義疏》四本）等等。㉒

顯然，儘管為了順應中國的大乘運動，道宣努力提倡《四分律》義通大乘，但其本意只是說《四分律》一律「義」同大乘，是把《四分律》看作大乘，或者是把《四分律》盡力作出大乘的理解。也許，他所重視的只是大乘的精神，而不是社會上廣為流行的大乘菩薩戒。如他說：

若據大乘，戒分三品。律儀一戒，不異聲聞。㉓

㉒ 此處參見相關僧傳及湯用彤《隋唐佛教史稿》第一七六頁。另外，道成為律宗相部宗祖法勵門人，《高僧傳二集》卷二七言其講《十誦》、《菩薩戒》等諸經論一百四十遍。

㉓ 《行事鈔》卷下四，〈沙彌別行篇〉之第二十八，《大正藏》第四〇冊，第一四九頁中。

當然，道宣也十分重視在受戒、持戒上修行者的主體自覺性，強調發「上品心」的意義。這一點從精神實質上是與菩薩戒相通的，因而他說：

> 當發上心可得上法……今受此戒，為趣泥洹，向三解脫門，成就三聚戒，令正法久住。㉔

但是，廣受緇素歡迎的大乘菩薩戒運動，不能不影響到道宣及其後學的思想。儘管道宣沒有這方面的專門著述，但是他還是對菩薩戒運動作出了回應和某種程度的認同，其對一些戒相的解釋也浸透了菩薩戒的思想。㉕在其晚年的《釋門歸敬儀》中，他也說：

> 隨境起心，無非三戒：如約一生，心不壞惡，攝律儀也；有慈起善，攝善法也；將濟離苦，是名具足菩薩戒者，不須羯磨，自然成就。㉖

㉔《行事鈔》卷上三，〈受戒緣集篇〉，《大正藏》第四〇冊，第二九頁中。

㉕弘一律師就曾說過，唐賢首之《菩薩戒疏》在釋道戒之第六種類輕重門中廣陳之犯相，即是與南山《行事鈔》文大同。參見弘一《資戒釋相概略問答緒言、後跋》，《弘一大師法集》㈢，第一五四三頁。另外，由於華嚴三祖法藏（西元六四三—七一二年）的生存晚於道宣，所以此處並不能說明道宣對《梵網經》的某些觀點的接受是受了法藏《梵網戒疏》的影響。而日人佐藤達玄在《行事鈔》所引經論的統計中，認為道宣只引用了一次《梵網經》顯然是不正確的。（參見佐藤達玄《戒律在中國佛教的發展》（上），釋見憨、鍾修三等譯，香光書鄉出版社，一九九七，第一四八頁）

㉖《釋門歸敬儀》卷下，《大正藏》第四五冊，第八六八頁。對本著述，有日人疑非道宣所為，此處不擬討論。

護眾生也。[27]

但從他在《行事鈔》相關處對授受戒儀式的精研、對戒壇的重視來看，他或許並沒有真正地接受大乘菩薩戒思想和儀式。證據即是他自己沒受菩薩戒，也沒與人授菩薩戒。據弘一大師說，菩薩戒的受十善法戒在南山三大部中均不載，只是在其晚年的《釋門歸敬儀》（龍朔元年，西元六六一年，六十六歲）中「略明」。[28]更為重要的是，道宣在生命的最後一年，親自立戒壇，作圖經以繼後世，這足以說明他對菩薩戒的態度了。

由此可見，道宣並沒有真的把菩薩戒納入南山宗思想之中。後世僧眾也都體認到了這一點，因而並不以律宗思想代替菩薩戒，也不以菩薩戒來代替南山宗的受戒思想。而且道宣以後，在菩薩戒精神廣泛影響到佛教各宗的情況下，僧眾仍然是把具足戒與菩薩戒分開相授，即先由《四分律》受具足戒，然後再進一步地受持大乘菩薩戒。獨具中國特色的三壇大戒，也正因之而成。

南山宗後人從重《四分律》、講《行事鈔》到兼重《梵網經》，開端者可能是宋之洛苑寶應寺沙門慧因，他著有《梵網經菩薩戒注》三卷。慧因自稱其注《梵網經》的目的是為了「俾其覽者，易為曉悟」。由之，南山宗律師們始重《梵網經》，這也可能和宋明時諸宗融合的現

---

[27] 《釋門歸敬儀》卷上，《大正藏》第四五冊，第八五六頁。

[28] 參見《弘一大師法集》(二)，新文豐出版有限公司，第八八〇頁。

象互為因果。其後，南山一系律師注《梵網經》者主要有：

明弘贊《梵網經菩薩戒略疏》八卷；

明寂光《梵網經直解》四卷，《事義》一卷；

清德玉《梵網經順珠》二卷；

清書玉《梵網經菩薩戒初津》八卷。㉙

顯然，以《梵網經》為代表的大乘菩薩戒思想已經廣泛深入地融於中國佛教和律宗思想之中，對中國佛教各方面的發展都給予了重要的推動作用。

四、關於本注譯本

本注譯本以民國二十三年春月的金陵刻經處版《佛說梵網經》（卷上、下）為底本，因為本刻版經文已經由先賢分段、段首列題，且綱目清晰，易於檢索閱讀。在標點與個別字句等方面參照了《大正藏》本《梵網經》、《梵網經古迹記》和法藏、智者等高僧所作的解疏，並依《大正藏》本和《梵網經古迹記》改動了金陵刻經處本明顯的幾處刻本錯誤（如誤「入」為「人」），並作了說明。文中有個別地方的句讀、分段參考了《梵網經古迹記》。對於《大

㉙ 此處參見《周叔迦佛學論著集》（下集），北京：中華書局，一九九一，第八七九頁。

正藏》本和金陵刻經處本兩種版本不多的所異之處，本書不作考證辨析，也不妄加改動，只是隨處作出說明。這樣既不損傷經典原貌，又能使讀者更完整地把握經典的文本和意義。

文中注釋大都隨文而出，其解釋也主要是以上下文意為主，因此，某些概念可能前後均有出現，但側重詳略有所不同。譯文則盡量遵循原文語句結構，但對於一些因上下文需要而增補的語句，則放入「〔 〕」中，以示區別。

另外，今賢也有不少對《梵網經》的注譯與研究，但因筆者地處一隅，只聞書名，難以求珍，無緣拜讀，只好存憾。拙譯者堅信，如能更廣泛地學習今人賢者的注譯本，當使本書受益無盡。

王建光 謹識

梵網經序❶(一)

後秦❷長安釋僧肇❸述

夫《梵網經》者，蓋是萬法之玄宗，眾經之要旨，大聖開物之真模，行者階道之正路。是以如來權教❹，雖復無量，所言要趣，莫不以此為指南之說。是以秦王識達圓中，神凝紛表❺，雖威綸四海，而沾想虛玄；雖風偃八荒，而靜慮塵外❻。故弘始三年❼，淳風❽東扇。於是詔天竺法師鳩摩羅什❾在長安草堂寺❿，及義學沙門三千餘僧，手執梵文、口翻解釋五十餘部。唯《梵網經》一百二十卷、六十一品⓫。其中〈菩薩心地品〉第十，專明菩薩行地。

是時，道融、道影⓬三百人等，即受菩薩戒⓭。人各誦此品，以為心首⓮。師徒義合，敬寫一品八十一部，流通於世。欲使仰希菩提者，追蹤以悟理，故冀於後代同聞焉。

【注　釋】❶梵網經序　此序為金陵刻經處本和《大正藏》本《梵網經》所共有。❷後秦　苻洪與晉穆帝永和六年（西元三五〇年）於關中稱帝，史稱前秦或苻秦。晉孝武帝太元九年（西元三八四年），姚萇在長安稱帝，後世稱為後秦或姚秦。不論是苻秦還是姚秦，其國主都崇信佛法，對此時的佛經翻譯提供了有力的支援。❸釋僧肇　京兆（今陝西西安）人，生於西元三八四年或三七四年，於西元四一四年入滅，為鳩摩羅什的十大弟子之一，後人說其俗姓張。僧肇歷觀經史，備盡墳籍，善解老莊。劉遺民譽其為「方袍」中的「平叔」（比丘的袈裟，因為方形，故稱為方袍。平叔，即三國時魏人何晏，其字為平叔。他治學上援老入儒，乃「貴無」論的主要代表，與夏侯玄、王弼開魏晉一代玄風，後為司馬懿所殺），鳩摩羅什讚其為東土「解空第一」。其主要著作有《般若無知論》、《不真空論》、《物不遷論》和《涅槃無名論》，並寫有〈維摩經序〉等一些經序，不過其中個別經序也有人懷疑非僧肇所作。僧肇的解空思想通過對「空有」、「體用」、「動靜」等關係和思想的精闢闡述，把此時的般若學推向了一個新的高峰，在中國佛教史和中國思想史上都有著重要的影響。今人湯用彤先生稱其為「中華玄宗大師」，並說其為談論「有無」、「體用」問題的「最高峰」，「後出諸公，已難乎為繼也」（參見湯用彤《漢魏兩晉南北朝佛教史》（上），北京：中華書局，一九八三，第二四〇頁）。❹權教　與實教相對而稱，意為開導眾生的方便教法，不是終了意義上的佛法。❺是以秦主識達圜中二句　秦主，此處指後秦國主姚興（西元三六六—四一六年），姚萇之子。在位時間為西元三九四至四一六年。姚興尊崇儒術，也提倡佛教，「道性自然，天機邁俗，城塹三寶，弘道是務。由使異典勝僧，自遠而至；靈鷲之風，萃乎茲土。」（梁《高僧傳》卷六〈僧肇傳〉）他對佛教在當時中國北部地區的傳播與繁榮起了極大的推動作用。圜，即指天，《易・說卦》有「乾為天，為圜」；《楚辭・天問》也有「圜則九重，孰營度之？」本句意思是說秦主才俊超群、志向高遠。❻風偃八荒二句　意稱秦主雖然揮兵四方，所向披靡，但仍然對佛法奧義心有所儀。❼弘始三年　弘始，後秦姚興之年號。弘始三年，時為東晉安帝隆安五年，西元四〇一年。❽涫風　即淳樸敦厚之風，因佛法能純淨人心，故為渲風。渲，即「淳」。❾鳩摩羅什　意為童壽，另異譯有：鳩摩羅耆婆、拘摩羅耆婆等，後人常簡稱為羅什或什公，與真諦、義淨和玄奘被後世稱為中國佛經的四大翻譯家。龜茲人，生於西元三四三年或三四四年，時為東晉康帝年間。姚興弘始三年冬月，羅什在五十八歲時被迎至長安。羅什對中國佛教的最大貢獻即是他對佛教經典的翻譯與闡釋。羅什譯經三十五部、二百九十四卷（一說三百餘卷），主要有《摩訶般若波羅蜜經》、《妙法蓮華經》、《維摩詰所說經》、《金剛般若波羅蜜經》、《阿彌陀經》、《中論》、《大智度論》等，對中國佛教宗派的形成起到了極大的作用，其譯文的水平也受到了後人的高度稱讚。在譯經過程中，羅什以自己為中心在長安形成了龐大的僧團。弟子號稱千人，後世有「四聖」、「八俊」、「十哲」之說。像道生、僧肇、僧叡、道融、僧導、僧嵩等都是佛教史上的著名人物，或開創宗派，或為經論之一宗師，或對佛教義理有獨特見解。鳩摩羅什傳見《出三藏記集》卷一四、梁《高僧傳》卷二以及《晉書》卷九五〈藝術傳〉等。❿長安草堂寺　即長安的大寺。東晉時佛馱跋陀羅和釋智嚴也曾在此釋譯過佛經。因大寺中用草苫建有一間草堂，故名草堂寺。鳩摩羅什自弘始八年從逍遙園移住大寺譯經，直到弘始十五年（西元四一三年）逝世時止。唐昭宗年間曾敕重建草堂寺，後世也多次對其重修。⓫梵網經一百二十卷六十一品　此為僧肇之說。現今的《梵網經》共有二卷，全稱《梵網經盧舍那佛說菩薩心地戒品第十》，又作《梵網經菩薩心地品》、《梵網戒品》。相傳為後秦鳩摩羅什譯，然未能確定，其大本之卷數也有諸多異說。⓬道融道影　道融、道（曇）影皆為羅什的著名弟子。羅什弟子有「四聖」、「八俊」（即道生、僧肇、道融、僧叡、僧契、曇影、慧嚴、慧觀）和「十哲」（「八俊」再加上道恆和道標）之說。上述諸僧，梁《高僧傳》卷六和卷七有傳。⓭菩薩戒　乃與小乘聲聞戒相對而言，又稱為佛性戒、方等戒或大乘戒。它被認為菩薩萬行，是進取菩提莊嚴法身之大道。主要內容與精神體現於《梵網經》、《瓔珞經》、《菩薩地持經》以及《瑜伽師地論》（卷四〇、四一）等經典中。大乘菩薩戒以三聚淨戒（即攝律儀戒、攝善法戒和饒益有情戒）三項以統領其戒相與精神。《梵網經》言菩薩戒的戒相為十重、四十八輕，出家、在家均可受持。《瑜伽師地論》則認為只有先受小乘之七眾戒，並能持守者，方可再受大乘菩薩戒。中國古代授菩薩戒以《瑜伽師地論》為所依，現則以《梵網經》為據。獨具中國特色的三壇大戒（初受沙彌、沙彌尼戒，次受比丘、比丘尼戒，最後再受出家菩薩戒）即是這種思想與精神的產物。與小乘聲聞戒相比而言，菩薩戒的精神與持守更為溫和寬鬆，更為重視受戒、納戒者的主體自覺，看重的是一種內在的精神。所以明時元賢說：「其戒遍九界、極盡未來，非可以數量局，非可以名相陳。」（元賢《律學發軔》卷上）也正因為如此，受菩薩戒的方式也就比較靈活、多樣。一是「發心受戒」，正如元賢所說：「受菩薩戒者，當以發菩提心為先。菩提心者，四弘誓願也。若實發此誓願，復以誠心仰成大戒，則能發起無作戒體，方名得戒。」（《律學發軔》卷上）二是通過禪懺而得戒，如沙門道進是通過「邊懺邊禪」而「感戒」（梁《高僧傳》卷二，〈曇無讖傳〉）。三者即為依師而受得菩薩戒。在大乘戒的翻譯和流傳中，曇無讖起到了重要的作用，他與鳩摩羅什大約同時或略晚譯出了北本《大般涅槃經》、《菩薩地持經》、《菩薩戒本》、《優婆塞戒經》等一系列反映大乘精神和戒相的經典。⓮心首即心和頭，喻最為重要。

【語　譯】〈從根本上說〉，《梵網經》乃是佛說萬法之最高奧義，也是眾經的根本要旨之所在，佛陀開示眾生的範例，菩薩進階達位的大道。所以，如來所言權教之法，儘管浩瀚，但他所說的一切根本，都是以之為標準。故而，志向高遠、才智超群的秦主，雖然威震四海、政務紛繁，但仍然對佛教玄理心嚮神往；雖然征戰南北所向披靡，但他所思所想仍然超越於塵世之外。弘始三年，值佛法之淳風傳遍東土中國之際，詔請天竺法師鳩摩羅什，與中國三千多名義學僧人一起，在長安草堂寺翻譯佛教經論，計達五十餘部。其中有一百二十卷、六十一品的《梵網經》。不過，此經僅僅譯出了專門論述菩薩行地的第十品〈菩薩心地品〉。

一等此經譯畢，道融、道影等三百多名隨鳩摩羅什譯經的僧人，即依本經受了菩薩戒。大家都誦讀此品，以之為修道之根本。師徒諸人，對廣傳流布本經有著共同的願望，所以把本品恭敬地抄寫了八十一部，以流通於世。希望那些心向菩薩聖法的人，能夠藉由讀誦本經以達佛理奧義，也寄望後世樂於聖法的人能夠一起窺得佛法真理。

【說　明】作為西元四世紀的重要義學僧人，僧肇在中國佛教史上具有突出的作用，短短的一生，留下許多重要的文論和經注。《梵網經》的流行與其所作的這篇短序也當有著密切的關係。

梵網經序❶(二)

夫宗本湛然❷，理不可易。是以妙窮于玄原之境，萬行起於深信之宅。是以天竺法師鳩摩羅什，誦持此品以為心首。此經本有一百二十卷六十一品。什少踐於大方，齊異學於迦夷❸。弘始三年，淳風東扇。秦主姚興，道契百王，玄心大法。於草堂之中，三千學士，與什參定。大小二乘五十餘部，唯《梵網經》最後誦出。時融影三百人等，一時受菩薩十戒。豈唯當時之益，乃有累劫之津，故與道融別書出此〈心地〉一品。當時有三百餘人誦此一品，故即書是品八十一部，流通於後代持誦相授。囑諸後學好道君子，願來劫不絕，共見龍華❹。

【注　釋】❶梵網經序　此序見《大正藏》本，金陵刻經處本無此序。❷湛然　寂，真如體性離有為之諸相；用，能生世間、出世間之善法。此寂用，即《大乘起信論》所說「三大」中之「體用」二大。而體即是用，此二者常住不滅，故稱湛然。常用來形容定心的一種境界，即所謂的定心湛然，靜若止心。此處指佛果的最高境界。《善導集記》的〈觀經玄義分〉卷一有「恆沙功德，寂用湛然」，《摩訶止觀》卷九有「定心湛然，安住不動」（卷上）、「定心湛然，無緣無念」（卷下）之語。❸齊異學於迦夷　意為在迦夷國受到眾多異學外道的尊敬。齊，通「齋」，即肅敬。迦夷，即迦夷羅，佛陀出生之國。《肇論．般若無知論》曰「有天竺沙門鳩摩羅什者，少踐大方，研機斯趣，獨拔於言象之表，妙契於希夷之境，齊異學於迦夷，揚淳風於東扇。」❹龍華　原本為樹名，梵名奔那伽，彌勒佛乃於此樹下成佛。彌勒信仰者相信彌勒佛將來下生此世界時，將於龍華樹下三會說法，以救渡眾生。眾生也將於龍華樹下聽受彌勒說法而成佛，這即是「龍華三會」成佛之說。此處以之指悟道成佛，達於彌勒淨土。

【語　譯】涅槃之境，本為寂靜湛然，其至真妙理常住不滅。所以，若要了悟佛理必須達於一種玄妙之境地才可得成。達於涅槃之境雖有多途，但發起深信之心為其成道之出發點。因為此《梵網經》為成道之第一根本，所以，天竺國法師鳩摩羅什恆誦讀此經。大本《梵網經》原有一百二十卷共六十一品。鳩摩羅什從小即學於大乘經典，曾在迦夷國因駁倒眾多異學而受到廣泛地尊重。弘始三年，佛法東傳於中國。秦主姚興，其道德高潔符合以前的百代聖王，對佛教仍然有著深深的敬仰。於是在長安草堂寺之中，集三千學士與鳩摩羅什一起共同參定譯經，共得大小乘經典五十餘部。其中，《梵網經》為其最後誦出翻譯。一俟譯畢，道融、道影等三百餘人即立刻從此經受了菩薩戒。《梵網經》的譯出，不僅利益於一時，更有功於萬世。因此，道融與其它學士從大本《梵網經》中抄出〈心地法門品〉二卷，〔以利讀誦受持。〕當時即有三百餘人誦此〈心地法門品〉，所以將此品即抄出八十一部別行，隨流通於後代，傳授持誦。因此，我囑託後世眾多喜好佛道至理者，要讀誦此經，萬世不輟，方可悟道成佛，共生佛國淨土。

【說　明】從本序可以看出，此序也許出於淨土宗僧人。

卷上

菩薩心地品之上

姚秦三藏法師鳩摩羅什譯

序分

爾時❶，釋迦牟尼佛在第四禪地❷中摩醯首羅天王宮❸，與無量大梵天王❹、不可說不可說菩薩❺眾，說蓮華臺藏世界❻，盧舍那佛❼所說〈心地法門品〉❽。

【注　釋】❶爾時　爾，即「那」。兩晉南北朝時常用之語。如《世說新語》之〈賞譽下〉有文「爾夜風恬月朗」。爾時，即那時；當……的時候。在魏晉南北朝時翻譯的佛典中，多有此語。❷第四禪地　即捨念清淨地。根據佛教理論，眾生所居住的地方可以分為三界：欲界、色界和無色界。眾生於此三界之中無盡輪迴流轉，永不能從中脫離。三界之中，從其所具品質上說，欲界為最低下的一界，這是地獄、餓鬼、畜生、阿修羅、人和天所居之界。在這裡，物欲橫流，醉生夢死。色界，即是高於欲界的一種境界。它從品質上說位於欲界之上，只有脫離了淫欲、食欲和睡眠欲的眾生才能居住於這裡。這是一個無比殊勝美好的物質世界。無色界，這是一個具有無上品質的世界，它已經超越了物質的有形世界，是一個只有精神存在的自由世界。個體的人可以憑著一定的修行方法而達到。色界之中又分為四個層次：初禪天（離生喜樂地）、第二禪天（定生喜樂地）、第三禪天（離喜妙樂地）、第四禪天（捨念清淨地）。摩醯首羅天王宮即在第四禪地中。❸摩醯首羅天王宮　摩醯首羅天王，意為大自在天王。本是古印度婆羅門教中的世界創造之神，或主神濕婆。佛教興起後，把祂納入於佛教教義之中，為護法之神，又稱為自在天。其宮殿即在色界第四天（即第四禪地）之中。因為摩醯首羅天王以「定」而得大自在，以其「定」能生一切色法，大千世界為祂所造，一切眾生因祂而出，所以生大驕慢，因此稱之大自在天，或大我慢天。❹大梵天王　梵天王，佛教之前印度思想中的造物主的神格化。佛教吸收其形象以後，用其指色界中的初禪天，成為佛教的護法之神。❺菩薩　梵語的音譯，又譯為菩提薩多，也意譯為覺有情、大士、高士等。在中國民俗、文化傳統和佛教發展中，最常用的還是「菩薩」一詞。從其構詞上說，菩提意為菩提智慧，薩多意為眾生，所以菩薩的字面意思有「已經覺悟了的有情（眾生）」，即開啟了菩提智慧的有情眾生之意。根據大乘佛教的教義，菩薩慈悲為懷，拯救眾生，即上求菩提、下化眾生，所以它的字面意思裡還有「覺悟眾生」、「開啟眾生」的意思。這樣一來前者是一個靜態的概念，而後者則具有動態的理想。❻蓮華臺藏世界　又譯為蓮華藏世界、蓮華國，即為蓮華中所藏之世界。佛教認為，在風輪之上的香水海中有大蓮華，此蓮華中含藏著微塵數的世界，所以叫做蓮華藏世界，是毗盧舍那佛的國土。它是從花中出生的世界，或藏於蓮花中，國土無比殊勝美好，功德無量。本經所說的蓮華臺藏世界，為千葉蓮華中所含之世界，一葉一世界。以《華嚴經》所說，蓮華臺藏世界有三位聖者：毗盧舍那佛、普賢菩薩和文殊菩薩。此世界總共有二十層，我們所住的娑婆世界，就在華藏世界的第十三層的中間。❼盧舍那佛　釋迦牟尼佛報身的名號。盧舍那意為淨滿，是清淨圓滿的意思，無障不淨無德不圓，智照法界身應大機故。其字面原意為太陽，意思是遍一切處、光照一切。盧舍那佛的形象在《阿含經》中即有出現。❽心地法門品　心地，修菩薩行強調發心而為，即發上品心得上品戒。心如大地一般滋養菩薩成就之路，故喻心為地。此處指盧舍那佛在後文將要演說的菩薩成就的階位，如十發趣、十長養、十金剛、十地等。其後對其所說即為〈心地法門品〉。

【語譯】那時，釋迦牟尼佛在第四禪地中的摩醯首羅天王宮殿之中，正在向無量眾的大梵天王和難以言計的菩薩，講說蓮華臺藏世界之莊嚴華美，講述盧舍那佛所說的《梵網經》之〈心地法門品〉。

【說明】此為本經的「序分」之一部分，說出了時間、地點和參與者。

是時，釋迦身放慧光❶，所照從此天王宮乃至蓮華臺藏世界。其中一切世界、一切眾生❷，各各相視歡喜快樂。而未能知此光，光何因？何緣？皆生疑念。無量天人，亦生疑念。

爾時，眾中玄通華光主菩薩❸，從大莊嚴華光明三昧❹起，以佛神力，放金剛白雲色❺，光光❻照一切世界。是中一切菩薩❼，皆來集會與共，同心異口問此光。光為何等相？

是時，釋迦即擎接此世界大眾，還至蓮華臺藏世界、百萬億紫金剛光明宮中。見盧舍那佛，坐百萬億蓮華赫赫光明座上。

【注釋】❶慧光　釋迦佛為智慧的化身，身成於無上般若之智，故言其身放慧光。佛教以開啟眾生之慧為旨，佛法也是一種以有限性的語言和文本所表現出的無限智慧和得到此種智慧的方法。所以三藏中對智慧之喻有多種，如：智慧劍、智慧刀、智慧風、智慧水、智慧燈、智慧楫、智慧根、慧燭、慧露、慧日、慧教、慧力、慧眼、慧命等等，這一切都是從智慧之「用」來說的。而佛乃作為一切智慧之「體」和「源」，所以言其身放慧光。智顗說：「敘放光表瑞。瑞者，信也。欲說大事前須放光，故稱為瑞。光是色像之勝放勝光。」（《菩薩戒義疏》卷上）❷一切眾生　眾生，又譯為有情，即一切有情識的生物。《雜阿含經》卷六中說：「於色染著纏綿，名曰眾生；於受想行識染著纏綿，名曰眾生。」依《長阿含經》卷二〇，「一切眾生」共有三類，一者欲界眾生、二者色界眾生、三者無色界眾生。欲界有眾生十二種：地獄、畜生、餓鬼、人、阿修羅、四天王天、忉利天、焰摩天、兜率天、化自在天、他化自在天、魔天。色界有眾生二十二種：梵身天、梵輔天、梵眾天、大梵天、光天、少光天、無量光天、光音天、淨天、少淨天、無量淨天、遍淨天、嚴飾天、小嚴飾天、無量嚴飾天、嚴飾菓實天、無想天、無造天、無熱天、善見天、大善見天、阿迦尼吒天。無色界眾生有四種：空智天、識智天、無所有智天、有想無想智天。❸玄通華光主菩薩　據《梵網經古迹記》之說：玄通華王者，所證真理名「玄」，能證真智曰「通」，能生大果名「華」，能除闇障名「光」，為三乘之中勝名王。❹大莊嚴華光明三昧　三昧之一種。依《大品般若經》、《大智度論》所說，三昧共有一百〇八種。三昧，又譯為三摩地，即心安凝於一處或一境而無所想、無所執的寂靜狀態，故又稱為三昧定。三昧是心所法之一種。菩薩若成於大光明三昧，則即使見如十方恆河沙之世界，遍以七寶香華而仍不住於執。此為菩薩的一種禪定狀態。大莊嚴，眾德莊嚴，是為大莊嚴。❺金剛白雲色　佛教經典中常以金剛比喻佛法、戒律等的恆久、珍貴以及堅不可摧和所向披靡，能斷除一切煩惱邪魔。白雲，形容佛智或佛的三身純潔無瑕、萬德匯聚如雲。❻光光　光之眾多，故稱為光光。❼一切菩薩　菩薩有許多種分類。如按修行果位分有十地菩薩，本經後面將要說到；按菩薩功德品分有十種：一者種性菩薩（未得淨心）、二者入菩薩（發心修學）、三者未淨菩薩（已入未入淨心地）、四者淨菩薩（已入淨心地）、五者未熟菩薩（已入淨地但未入畢竟地）、六者熟菩薩（入畢竟地）、七者未定菩薩（熟者未入定地）、八者定菩薩（已入定地）、九者一生菩薩（次第得無上菩提）、十者最後身菩薩（從種性乃至最後身得無上菩提）（《菩薩地持經》卷八）；《十往生經》還列有二十五菩薩。此處泛指無量菩薩眾。

【語譯】釋迦在弘講之時，身放無量慧光。慧光灑遍摩醯首羅天王宮，也灑遍整個蓮華臺藏世界，灑遍一切世界。世界中的一切眾生沐浴著無量慧光，一切眾生看到此慧光，都心中歡喜快樂。但他們不能識此慧光之本性，不知其產生之因緣，所以心生困惑。即使是無量的天人，對此也思慮不已。

正在這種歡喜與困惑之時，玄通華光主菩薩從大莊嚴華光明三昧中起定，因為受到釋迦無量慧光之普照，也放出金剛白雲之光。其光之無涯，也照遍一切世界。同時，眾多菩薩也簇擁而至，同心異口地向釋迦佛問此光之因緣、實相。

這時，釋迦佛便以其神力，把此無量大梵天王和菩薩眾，帶至蓮華臺藏世界中放射出無量紫金剛色的光明宮中，來共拜見並詢問盧舍那佛。此時盧舍那佛正端坐在由百萬億蓮華簇成的光明座上，萬丈光芒四射。

【說明】以光明莊嚴的蓮華臺藏世界來說明盧舍那佛之功德，為弘宣梵網菩薩戒作出了一個燦爛的開始。

時釋迦及諸大眾，一時禮敬盧舍那佛足下已。

釋迦佛言：「此世界❶中，地及虛空❷，一切眾生，為何因緣❸得成菩薩十地道❹？當成佛果❺為何等相？」如〈佛性本源品〉❻中，廣問一切菩薩種子❼。

爾時，盧舍那佛，即大歡喜，現虛空光體性❽，本源成佛常住法身三昧❾，示諸大眾。

【注釋】❶世界　世，指一維的時間流變，有過去、現在和未來三世之時間屬性區分。界，指方位，具體指四面、四維、上下共十方空間。所以佛教的世界是一個含有時、空之意的複合概念。❷虛空　萬法生死流變的空間處所。虛空是不依因緣和合而成，也不依因緣散盡而滅，無礙無障無滅無作，是佛教的三無為法之一。在此意義上，顯然它與現代物理意義上的虛空不是同一概念。❸因緣　因緣一詞原本分而言之，即「因」和「緣」兩個內容。所謂「因」，乃是引起「果」之成的內在直接的原因；所謂「緣」即是促成果之形成的外在的間接原因或條件。佛教認為，萬法皆由因緣和合而成。緣有即成，緣盡即滅。故而一切存在又被稱為緣生或因緣生。有因緣必有其果成，果成者其必假因緣。因緣與果報說正是構成了佛教的思想出發點。從某種意義上說，整個佛教大義及其人生觀、世界觀、解脫觀和幸福觀都是建立在因緣學說基礎之上的。❹菩薩十地道　菩薩修行共有五十二個階位，其中從第四十一位至第五十位，被稱為十地。在此階段，菩薩正像大地承負萬物一樣，承擔著眾生，故稱為菩薩十地道。這十地道分別是：歡喜地、離垢地、發光地、焰慧地、難勝地、現前地、遠行地、不動地、善慧地、法雲地。另外還有佛之十地的說法，它們是：甚深難知廣明智德地、清淨身不可思議地、海藏地、神通智德地、明德地、無垢焰地、廣勝法界藏明界地、無礙智慧地、無邊億莊嚴迴向能照明地、毗盧舍那智藏地。❺佛果　指通過修行所達到的佛之果位，如佛之般若智慧。由其緣於修行之因而成，故名之為果。❻佛性本源品　若依僧肇之說，其當為全本一百二十卷《梵網經》六十一品中之一品。本書注譯的《梵網經》即為其中的〈心地法門品〉。《大正藏》本此處為〈如如佛性本原品〉。❼菩薩種子　種子，為佛教義理中常用的一個重要術語，由於相信一切色法和心法都憑某種因緣而成，正如穀物之生長一樣，故以種子喻之。以其類別，種子可分兩種：能產生諸現象（眾生之迷界）者，稱為有漏種子；能生菩提之因者，稱為無漏種子。菩薩種子當為無漏種子。「種子」之喻最早見於《雜阿含經》之卷四，世尊用了「根種子、莖種子、節種子、自落種子、實種子」五種之喻，也有「信心為種子，苦行為時雨，智慧為時軛，慚愧心為轅」之喻。❽虛空光體性　即無量智慧的實相。光，即智慧；虛空光，即照遍虛空的智慧。❾本源成佛常住法身三昧　即成就佛慧佛果的無上正定。本源，即法身三昧。法身，或稱為自性身、法性身，即諸佛所證得的真如法性之身，依定得成的佛果。

因為此種三昧能顯成佛之常住法身，故名之本源。盧舍那佛即是示現此「定」於大眾，也是對釋迦佛所問問題之生動地回答。

【語譯】到了盧舍那佛前，釋迦佛及無量梵天大眾和菩薩，在盧舍那佛足前禮敬後。

釋迦佛問道：「此蓮華臺藏世界及大地虛空中的一切眾生，憑藉何種因緣而能得成於菩薩十地道？要達於的佛果之真性是什麼？」如在〈佛性本源品〉中所說的那樣，全面問了一切能夠成就菩薩的「種子」和因緣。

聞聽此種問題，盧舍那佛即生大歡喜，隨即向無量大眾示現了無量智慧的實相、示現了成就佛智佛果的無上正定。

【說明】釋迦佛並沒有直接問其光為何等因、何等緣、何等相，而是問了更為本質的東西：如何得成菩薩十地道、佛果的實相是什麼。如若了知此點，對「慧光」之本相也就知道了。

是諸佛子❶諦聽，善思修行。我已百阿僧祇劫❷修行心地。以之為因，初捨凡夫，成等正覺，號為盧舍那，住蓮華臺藏世界海❸。其臺周徧有千葉，一葉一世界，為千世界。我化為千釋迦，據千世界，後就一葉世界。

復有百億須彌山❹、百億日月、百億四天下、百億南閻浮提❺，百億菩薩釋迦，坐百億菩提樹下，各說汝所問菩提薩埵心地。其餘九百九十九釋迦，各各現千百億釋迦，亦復如是。千葉上佛，是我化身；千百億釋迦，亦復如是。千葉上佛，是吾化身；千百億釋迦，是千釋迦化身。吾以為本源，名為盧舍那佛。

【注　釋】❶佛子　泛指崇信佛法、承繼佛法的人，即佛弟子。也指納受大乘菩薩戒、發心為佛道者，通過持戒而行，自利利他，能夠成就佛果，在此之前稱為佛子。一般說來，依小乘戒律受法者稱為比丘（尼），受大乘菩薩戒者，稱為佛子。此處指發心為佛道者，即上文說的無量眾菩薩。❷阿僧祇劫　指極其久長的時間。阿僧祇，意為無數。劫，梵語的音譯，是古印度用來表示極其長久的時間單位。❸世界海　恆河沙多的三千大千世界為一世界海，十萬恆河沙的世界海為一佛世界。❹須彌山　又譯為蘇彌盧山、須彌盧山，意譯為妙高山等。其名來源於印度神話，後佛教沿用之，並作為自己宇宙觀的重要組成部分。佛教認為須彌山立於一小世界的中央，其周圍有八山、八海環繞，如此構成一個小世界。一千個這樣的世界構成一個小千世界。其基本思想體現於原始佛教的主要經典《長阿含經》（卷一九至二二）以及《雜阿含經》的部分章節中。❺南閻浮提　又作閻浮利、閻浮或南贍部洲、南贍部。位於須彌山南部，為四大洲之一。

【語　譯】各位佛子請認真聽我所言，〔修佛智佛果〕者當善思修行之法。我對心地修行已經過極長久的時間。憑此對心地之滋養，才使我捨棄凡夫之性，成就正等正覺，才成為盧舍那佛，而得住於莊嚴蓮華臺藏世界海。此海之中央為蓮華臺，周圍有蓮華之千葉，每一葉都為一世界，故有千世界。我化為千釋迦，現身於千世界，後端坐於此蓮華臺藏世界。

另外，在百億須彌山、百億日月、百億四天下、百億南閻浮提之廣袤無量的世界上，還有著百億菩薩釋迦，他們也都坐在百億菩提樹下，都在弘演著你們所問的菩提薩埵心地法門之奧義。其他九百九十九個釋迦，也都各各現為千百億釋迦，講解菩薩心地法門。千葉上的每一佛，都是我的化身；無量世界的千百億釋迦，也都是我的化身。千葉上的每一佛，都是我的化身；千百億的釋迦，也是千釋迦化身。諸佛都以我為本源，我即名為盧舍那佛。

【說明】 本段以無量須彌山、無量世界、無量釋迦構成的一個交織羅幢的無量空間為喻，盡顯盧舍那佛之功德。其所描述的無量世界中，有著由盧舍那佛……千佛……無量佛的遞進。這種一與多、性與相、整體與部分地描述，構成了光明無限的梵網般世界。

從經文開頭至此，為本經的「序分」，下即為詳說。

爾時，蓮華臺藏世界，盧舍那佛廣答告千釋迦、千百億釋迦❶所問心地法品。

「諸佛當知，堅信忍❷中，十發趣❸心向果：一捨心、二戒心、三忍心、四進心、五定心、六慧心、七願心、八護心、九喜心、十頂心。

諸佛當知，從是十發趣心，入堅法忍中。

十長養心向果：一慈心、二悲心、三喜心、四捨心、五施心、六好語心、七益心、八同心、九定心、十慧心。諸佛當知，從是十長養心，入堅修忍中。

十金剛心向果：一信心、二念心、三迴向心、四達心、五直心、六不退心、七大乘心、八無相心、九慧心、十不壞心。諸佛當知，從是十金剛心，入堅聖忍中。

十地向果：一體性平等地、二體性善慧地、三體性光明地、四體性爾炎地、五體性慧照地、六體性華光地、七體性滿足地、八體性佛吼地、九體性華嚴地、十體性入佛界地。

是四十法門品❹，我先為菩薩時，修入佛果之根源。如是一切眾生，入發趣、長養、金剛、十地，證當成果。無為無相，大滿常住。十力❺、十八不共行❻、法身❼、智身❽滿足。」

【注　釋】❶千釋迦千百億釋迦　小乘佛教認為，佛陀只是一個導師，一個完全覺悟了的教主，一個以慈悲為懷、普渡眾生的人。但是大乘佛教認為，佛陀是一個威力無邊的神格(雖然在很多時候佛教否認自己是有神論)，祂不僅是全能的、有神通的，而且在三世、十方之間有著無數的佛，故稱為三世諸佛，其數無量，故曰千釋迦、千百億釋迦。❷堅信忍　菩薩修行的諸種法門，反映了菩薩的行、心、願等方面的要求，在內容與分類方面，諸經有著多種不同。❸發趣　即發心趣同、趣向於大乘之境。十住或十心是初入位之初，故為發趣。❹四十法門品　此處四十法門之義，下文有注。❺十力　即十種智力。從內容上說有如來的十種智力，和菩薩的十種智力。如來十種智力具足，它們是佛十八不共法（見下注）中的十種。因如來具有無上聖智，深達體相，無能壞能勝能破，故又稱為十神力。此處指佛子因為入平等慧體性地，而能具如來之十神力。❻十八不共行　即十八不共法，法即功德相，簡言之，也即是能力，指諸佛和菩薩所具有的十八種不同於聲聞、緣覺者的能力，故說不共。其十八種的說法有多種。❼法身　佛的三身（法身、報身、應身）之一。此處身的涵義為聚集，即聚諸法而成身，指佛所說的正法、佛陀修得的無漏法，也指佛之自性如來藏，以現代語言來說，法身即是對佛法的客體化或神本化。諸多經典對法身的說法及分類有多種。❽智身　華嚴宗所說的十身之一，因佛身所具能證之聖智，故稱為智身。以華嚴宗的相融相攝的思想方法，此十身也相融相攝於法身佛、報身佛和應身佛之中。

【語　譯】此時，於此蓮華臺藏世界之中，盧舍那佛回答千百億釋迦所問的心地法門。

盧舍那佛說：「諸佛應當知道，堅信佛道，得成於忍中有十發趣心之向果：一捨心、二戒心、三忍心、四進心、五定心、六慧心、七願心、八護心、九喜心、十頂心。諸佛當知，從是十發趣心向果，則能入堅法忍中，得十長養果。

〔若如是，從此則能得〕十長養心向果：一慈心、二悲心、三喜心、四捨心、五施心、六好語心、七益心、八同心、九定心、十慧心。諸佛當知，從是十長養心，堅固成忍，證得金剛果位。

十金剛心向果：一信心、二念心、三迴向心、四達心、五直心、六不退心、七大乘心、八無相心、九慧心、十不壞心。諸佛當知，從是十金剛心，入堅聖忍中，成十地果。十地向果：一體性平等地、二體性善慧地、三體性光明地、四體性爾炎地、五體性慧照地、六體性華光地、七體性滿足地、八體性佛吼地、九體性華嚴地、十體性入佛界地。

此處所說的四十法門品，當我在修菩薩道時，正是以之為成佛之本、之因。所以，一切眾生，如果通過此十發趣、十長養、十金剛得於十地，則能證成佛果。能深達無為無相之真義，能達大滿常住，能獲得十力、十八不共行、法身和智身滿足。」

【說明】本段概述了菩薩心地品的諸條目。下述內容即是對它們的詳細言說與展開解釋。

爾時，蓮華臺藏世界，盧舍那佛赫赫大光明座上，千華上佛、千百億佛、一切世界佛。是座中有一菩薩，名華光王大智明菩薩，從座而立，白盧舍那佛言：「世尊佛，上略聞十發趣、十長養、十金剛、十地名相。其一一義中，未可解了。唯願說之，唯願說之。」妙極金剛寶藏一切智門，〈如來百觀品〉中已明。

【語譯】這時，在蓮華臺藏世界，盧舍那佛於光明座上光明四射。千華之上無量諸佛、千百億世界的一切佛〔都沐浴著盧舍那佛的智慧光明〕。其中一位華光王大智明菩薩，從座位上站起，向盧舍那佛說：「世尊，剛才我們已經聆聽了您所弘演的十發趣、十長養、十金剛、十地之名相。但其具體涵義尚未了解。懇請您詳細解說，懇請您詳細解說。」妙極金剛寶藏一切智門，則在大本《梵網經》中的〈如來百觀品〉中已詳細說明。

【說　明】菩薩修行階位各經說法不一。《攝大乘論》言其為四位，《華嚴經》和唯識家認為有四十一階位，《大智度論》說有四十二階位，《仁王般若經》說有五十一階位，《菩薩瓔珞本業經》卷上有五十二階位之說等。《梵網經》主其有四十階位，其粗分四位：(1)十發趣，其意是說發心修大乘者至十住位時，因初聞無比勝妙之理而發心趣於佛地；(2)十長養，其意是，發趣後達入於十行之位，而得以增修、滋養善根；(3)十金剛，達於十迴向之位，而能堅修其善根；(4)十地，經過發心、滋養和堅修，而得於菩薩位。其地為其菩薩之所依所持。

以下接著述十心，為菩薩修行四十階位中之初十階位，即十發趣。

十發趣心

爾時，盧舍那佛言：「千佛諦聽。汝先言云何義者，發趣中。」

第一 捨心❶

若佛子❷，一切捨。國土、城邑、田宅、金銀、明珠、男女、己身，有為諸物❸一切捨。無為無相❹、我人知見❺，假會合成❻。主者，造作我見，十二因緣❼，無合無散無受❽者。十二入❾、十八界❿、五陰⓫，一切一合相，無我、我所相⓬，假成諸法。若內一切法、外一切法⓭不捨不受⓮。菩薩爾時名如假會觀現前故，捨心入空三昧⓯。

【注釋】❶捨心　能做好一切準備，隨時為弘法、護法而捨棄一切，包括財物和生命的心理狀態。捨心乃是初發心菩薩應當具備的心態之一。❷若佛子　《大正藏》本，此處為「若佛子，捨心者……」。❸有為諸物　有為，由因緣和合而生成或展現的東西，其緣有而成，緣盡而滅。有為諸物有著自己的、具體的外在形象。小乘思想的阿毗達摩認為，世上萬法，除去三種無為（虛空無為、擇滅無為和非擇滅無為）之外，都屬於有為。大乘佛教把無為等同於真如，真如以外，均屬有為。❹無為無相　無為，不是由因緣和合而成之法。無相，沒有具體的、有限的、真實的外在表相。佛教所說的無相其義是因為諸法之性空，故無實相。這正如《金剛經》所說的，「凡有所相，皆是虛妄。」《梵網經古迹記》說，因為人空故無為，因為法空故無相。❺我人知見　即我見，指凡夫不知「我」之身心乃為五蘊和合、因緣和合而成，緣盡則滅，卻執於實我、實有，此為一種妄見。《大乘起信論》分此「我執」為人、法二種：人我見，即執著於色、受、想、行、識，以五蘊假合之身心為實我；法我見，即妄計一切法皆有其實在體性。所以《大乘起信論》才說：「一切邪執，皆依我見；若離於我，則無邪執。」唯識宗則以我見為四根本煩惱之一。❻假會合成　人之形體實乃五蘊和合，緣起而成，緣盡則滅，其存為假存，故為假會和成。❼十二因緣　又稱為十二有支、十二緣起等。十二因緣為佛教重要的基本教義之一。這是佛教對宇宙人生的一種基本的認識方法，其涵義為萬法生起的十二種條件或方法。其內容為：無明、行、識、名色、六處、觸、受、愛、取、有、生、老死。佛教認為，緣無明而有行，緣行有識，緣識有名色，緣名色有六處……緣生有老死。十二因緣之中，前者是為後者生起之因，後者為前者生起之果。因起必果，果必有因，因滅果必滅。十二因緣說盡三世兩重因果。無明與行為過去二因，識、名色、六處、觸和受所言為現在五果。此二因與五果為過去、現在一重因果。愛、取、有為現在三因，其造就生與老死未來二果。此現在三因與未來二果為現在、未來一重因果。故其所詮為三世二重因果。參見後文十長養心之「第三喜心」節「三世因果」條注。❽無合無散無受　於境無我，言無合；但又似有我，言無散。所受者空，謂無受。❾十二入　入，意為相涉；涉入，新譯（唐玄奘以前的譯經稱為舊譯，由其開始的譯經稱為新譯。對於戒律來說，義淨以前的為舊譯，其後的為新譯）為處，也即十二處。人有眼、耳、鼻、舌、身、意六根，能辨色、聲、香、味、觸、法等六境。根與境相涉而生六識，故而其即稱為入。六根稱為內入，六境稱為外入，共十二入。據《大乘義章》卷四所說，因為六根和六境為六識所生長之處，故也稱為處。❿十八界　佛教所說的「界」有多種意義，此處意為種類；分類。即上述的六根、六境與六識三者合稱為十八界。佛教用十八界之說攝盡一切法，即今日所說的物質（現象）世界、精神世界。⓫五陰　陰為舊譯，新譯為蘊。其意為聚集、集合，因此五陰即是五種聚集之意，又被稱為五蘊或五聚。其內容是色、受、想、行、識。佛教認為正是五陰構成了我們生命的存在，構成了身邊的世界。原始佛教認為，人之存在是由五陰之暫時和合而成，緣盡即滅。因此，「人」即假名，法無實體，即「人無我」。大乘佛教興起後，此五陰和合之說又有了新的變化。大乘佛教認為，不僅人為假名，其五陰本身也是虛幻的。因此其結果是，大乘佛教即主「人無我」，也倡「法無我」，即人法皆空。⓬一切一合相二句　一合相，即是由因緣和合而成之一事物。有為法均一空相，雖其有相，但為空性，故為無我、我所相。所以《金剛經》：「若世界實有者，則是一合相；如來說一合相則非一合相，是名一合相。須菩提，一合相者則是不可說，但凡夫之人貪著其事。」⓭內一切法外一切法　即一切道理、事物或現象。內容有三種：一者有為法，二者無為法，三者不可說法。「內」、「外」意為性與相。⓮不捨不受　即不執於法、不執於其有無。不執於其有故不受，不執於其無故不捨。這正是《金剛經》所說的「法相者，如來說即非法相，是名法相」之義。⓯入空三昧　入「空三昧」者，即觀諸法為因緣所生，我與我所等皆為空。三昧，又常音譯為三摩地、三摩提等，其意為等持、正定，即一種定心於某處而使心境冥合的狀態。此時，三昧者止心一處，離於邪亂、斂守安靜。《增一阿含經》卷一六把「三昧」分成「空三昧」、「無相三昧」和「無願三昧」。

【語譯】聞聽此言，盧舍那佛說：「諸佛認真聽，你們所問我將作出回答。現在先說發趣之義。」

佛弟子〔，若要發心於大乘者，應當有一顆清淨無執之心。所以〕，一切都應當捨棄。不論是國土、城邑、田宅，還是金銀、明珠、財富，抑或是妻妾兒女，甚至是自己的身體性命，所有的有為諸物一切都應當捨棄。因為一切有為諸法，都是由十二因緣假會和合而成，本無真實法身，緣盡則滅。〔不僅要捨棄一切有為之物，更要捨棄對一切物的執見，因此〕要了解諸法本性、斷滅我人知見。要認識到諸法之無合無散，故而也無所受。要認識十二入、十八界、五陰之意義，知道一切都為一合相，因而無我、無我所相，一切均為假緣而成。若能對一切法均不執於其性相之別、對此不捨不受，則菩薩就能觀其諸法假會之性，成其捨心即達入空三昧。

【說　明】本節所述為十心之首。其主旨在強調修菩薩行者，不僅要捨棄一切有形之物，更應當發心掃相，掃除對一切有為、無為之物的執著相，了悟一切因緣所生、本性即空，假成諸法，識達人法皆空。從而為菩薩行準備一清淨心。

從此處直至本卷末的「……是地中，一切聖人之所入處，故名佛界地。」均為盧舍那佛所說，在原文和今譯中均不再加引號，以示說明。

第二　戒心

若佛子，戒❶、非非戒❷無受者；十善戒❸，無師說法；欺盜乃至邪見無集者，慈❹、良、清、直、正、實❺、正見❻、捨、喜❼等，是十戒❽體性。制止八倒❾，一切性離，一道清淨。

【注　釋】❶戒　《大正藏》本此處為「戒心者」。❷非非戒　意為不執於有形或無形的授戒、受戒和持戒，這與大乘佛教和菩薩戒強調發心受戒是一致的。它看重的是佛子的真心與對本我的發現，而不拘於某種外在的形式和儀式。這即是青丘沙門太賢所說的「受者、授者及所受戒不可得」之意。非非，即離有無二邊。❸十善

戒　佛教把人的行為分為身、口、意三業，共有十種。具體地說即身三、口四和意三。「身三」即是否殺生、偷盜、邪淫；「口四」即是否說妄語、兩舌、惡口和綺語；「意三」者，即是否貪欲、瞋恚和邪見。並以之而分「行」為十善或十惡，又稱為十善業道或十惡業道。因為如若行其十善道，它們即有著防非止惡的能力與意義，故而又稱為十善戒。❹慈　佛教所說的慈即是對一切生命的、無差別的友愛，以慈防殺。其慈往往是與慧結合在一起的。與耶教所說的「博愛」也有所不同，後者往往指對人類之愛。❺良清直正實　以良防盜，以清防淫，以直防妄，以正防酤酒，以實防讚毀。❻正見　簡單地說，即是以佛教觀點了知達悟世界、人生及出世間和入世間一切因果。為八正道、十善之一。❼捨喜　以捨防慳，以喜防瞋。❽十戒　大小乘佛教均有十戒的說法，此處當指卷下所說的大乘十戒。即殺戒、盜戒、婬戒、妄語戒、酤酒戒、說四眾過戒（出家、在家菩薩和比丘、比丘尼）、自讚毀他戒、慳惜加毀戒、瞋心不受悔戒和謗三寶戒。❾八倒　即指凡夫與二乘之人所執與佛知見相反的八種錯誤見解，又稱為八顛倒。凡夫執有為生滅法為常、樂、我、淨，而二乘之人執無為涅槃之法為非常、非樂、非我和非淨。其意是說凡夫不知世間法的空相本質，而對其起常見；不知五欲之樂皆是招苦之因而執其為樂；不明「我」乃四大假合而成，而妄執為真；不明人身乃有諸種不淨，而妄執其為淨。而二乘之人，不明如來之常住之法身，反而執其有生滅之相；對於涅槃之清淨常樂而執其為無樂；對於佛性之真我而執其為「無我」；不明如來之常住法身非同凡夫之筋骨血肉之身，反而視其為不淨。本質上說，凡夫和二乘之人因為囿於世法、不懂如來之真實法身之性，而從起妄執妄見。

【語　譯】佛弟子，所謂受戒本是發心為戒，真正的戒是遠離有無二邊，十善業道也能領悟奉行，所以就算無師說戒與授戒，也能不為欺盜之事，邪見也不致於來集。大乘十戒的真正體性是慈、良、清、直，是正、實、是正見，是喜、捨。做到這一切，就是得到了真正的戒，就能制止八倒，遠離惡性，達到清淨梵行。

【說　明】本段緊接上文。修菩薩行者，不僅要捨棄一切田園、地位等有形財物，更要捨棄無形的執著。即使受戒也不能執於有戒和授受之舉，應當發於內心之梵行，才是真正的受戒，授戒與納戒，以及持戒而行才不會流於形式。

第三　忍心

若佛子，忍❶，有無相慧❷體性。一切空空忍，一切處忍❸，名無生行忍❹。一切處得名如苦忍。無量行，一一名忍。無受、無打、無刀杖瞋心❺，皆如如，無一一諦。一相、無無相、有無有相、非非心相、緣無緣相❻，立住動止，我人縛解。一切法❼如忍相，不可得。

【注　釋】❶忍　《大正藏》本此處為「忍心者」。忍，為大乘菩薩戒的六波羅蜜和十波羅蜜之一，其有為證悟真諦而能忍他人之辱、能忍耐困苦而不移所發之心之意。從其內容上，各經典有著二忍、三忍、四忍、五忍、六忍或十忍等不同的說法。❷無相慧　無相，其本意為無可視或可言之形象。佛教認為，諸法本性為空，其自性也為無性。正因為無性之故，其性則無相能以示之，故名無相。佛法中道之意教人不執於有無，能離於二邊之愚執，體達無相之中道智慧，即為無相慧。無相慧屬於十地位的智慧。《菩薩瓔珞本業經》依菩薩之六階位而對應於六種智慧，即十住位的聞慧、十行位的思慧、十迴向位的修慧、十地位的無相慧、等覺位的照寂慧和妙覺位的寂照慧。❸一切處忍　即無生忍，意為心安於諸法不生不滅之理而不動。❹無生行忍　即無生忍。也即指把心安住於無生無滅之理而不動。《大乘義章》卷一二曰：「理寂不起，稱曰無生。慧安此理，名無生忍。」《大智度論》卷五〇說：「無生忍法者，於無生滅諸法實相中信受通達無礙不退，是名無生忍。」❺無受無打無刀杖瞋心　因為斷除我執，我乃假緣而成，實為空，所以一切苦厄均屬無受。他人諸法也是性空，所以其打也是無打。法性空者是說諸法之自性本空，性本空故，本無刀杖、無瞋心。❻非非心相緣無緣相　非非心，即不是真的無心，其意是說忍心的空相是既有實無，但不是俗義上的空，故又說為非非心相。緣無緣相，意為有緣則成有相，無緣則顯無相。此句意思是說忍心所顯之相，既不是有相，也不是無相，更不能用具體的相一一區別。❼一切法　佛教所說的「法」有多種意義，如佛法之「法」，也如一切事物之意的「法」，即我們所說的「萬法唯識」之法。此處所說的「一切法」之「法」，實乃泛指一切「有為法」（有為，即造作之意，因其為因緣和合之所造作而成，故稱有為。依「有為法」為因而成就之果被稱為「有為果」）、「無為法」（無為，即常住而不假因緣而成）和「不可說法」。它包含宇宙萬有的事物和物質以及精神，包括依之而存在的現象界。

【語　譯】佛弟子，應當修習忍心，才能得有無相慧體性，而證悟真諦。因為了知一切為空，無我、我所而能忍，就能不為一切感官而起妄心，把心安住於諸法不生不滅的真諦上而不動搖，此為無生行忍，其為勝義忍。因六根感官處所忍者稱為苦忍。能忍六境等怨恨、苦厄而不起瞋打之心者也都稱之為忍，此為俗義忍。對外境一切逆境仍要能忍，因為我空、法空，其體均為因緣假合而成，本無實性，所以無受、無打、無刀杖瞋心。要知道，惑、業、苦如車輪一樣迴圈不止，所有苦厄對於生命來說都是虛幻的，我與法、理與實、真與俗本即不離，其實相均為空。這樣即能知道心之所受者，本無苦與不苦之別。因為一切有為法都是假緣而成，一切苦厄既不是有相，也不是我相。了知於此，才會掙脫我人之妄見的縛解，而進分善根。應當知道，如一切法的性質一樣，忍相也是不可得的。

【說 明】依青丘太賢所言，此處所言「忍」有兩種：空空忍，是緣勝義忍；無生行忍（一切處忍），是緣世俗忍。簡言之，空空忍是一種智慧，而無生行忍和一切處忍則是修行者在現實生活中所持有的態度。不為大千世界動生妄心，也不為一切苦厄而生瞋恨之心。

第四 進心❶

若佛子❷，若四威儀❸一切時行，伏空假❹、會法性❺，登無生山❻，而見一切有、無、如有、如無❼，天地青黃赤白一切入❽、乃至三寶智性❾。一切信、進、道、空，無生、無作、無慧，起空入世❿諦法，亦無二相。續空心通達，進分善根⓫。

【注 釋】❶進心 《梵網經古迹記》稱為「精進心」。❷若佛子 《大正藏》本此處為「若佛子，進心者……」。❸四威儀 佛教強調僧伽之行的如法莊嚴，所以依戒而行即為威儀。制教之中，除卻四重戒之外，餘皆為威儀。威儀之行主要體現於僧眾的行住坐臥之上，故稱為四威儀。❹伏空假 意為要制伏凡夫以假為真、執無我為有我之妄執妄情，而認識諸法本無自性，起必有緣，緣盡即滅之真諦。伏，即制伏。空，即遍計所知性，唯識所立三性之一，凡夫因不解諸法實相而妄執「無我」為「我」，執「無法」為「法」。假，即依他起性、或他起相、緣起自性、因緣法體自相相，略稱依他起、依他，唯識宗所立三性之一。指依於他緣而生起一切如幻假有等現象之諸法，因為萬物均無自性，其起必伺緣，故言依他。❺會法性　會法性，即了悟宇宙一切現象所具有的真實不變之本性。法性，即真如性，或諸法之真實體性。又作圓成實相、圓成自性、第一義諦體性，略稱圓成實。唯識宗所立三性之一，指真如（諸法所依之體性）具有圓滿、成就、真實等三種性質。其本質為能空煩惱、所知二障而顯之諸法真實之體性。❻登無生山　意為通過體悟聖智而上達認識諸法實相之聖智的境界，故喻其為「山」。無生，意即諸法實相無生無滅，一切存在都無實體，因緣起故空，無生滅變化。❼一切有無如有如無有，即世俗所執的現象，此本為假，此處依俗說。無，即萬法本性為空、為無，此為從最勝義處說。如有如無，萬法從其現象上說似有，又因其本性為空，所以雖有也似無。此處言盡人們對萬法實相的一切看法，不僅是承繼上文，更為下文作了引接，重點說了佛教的世界觀，掃除一切對假相的偏執，以利於發大乘心。❽一切入一切，音譯為薩婆多，指總數、全部。入，新譯為處，乃為六根與六境相涉而成。簡而言之，「入」也即是人的感覺器官對外界刺激的反應和認識。此處「天地青黃赤白一切入」也即「十遍處」：地、水、火、風、青、黃、赤、白、空、識，主體對外部世界的認識以及對這種認識的認識。❾三寶智性　三寶即佛、法、僧。佛寶者，即是指佛陀，因佛陀能教導覺悟眾生，故名為寶，後世也泛指一切諸佛。法寶者，法本為佛陀所演說的大義，依之而行，也能達到解脫之境，故也名之為寶。僧寶者，僧尼本為佛法的弘揚者和實踐者，佛陀滅後，佛法在斯者，故名之為寶。三寶奧義，以智為宗，因智得解，故稱三寶智性。❿起空入世　意即從勝義的觀點來看世俗之識。⓫善根　即有助於成就果位的德性。

【語　譯】佛弟子，應該時時刻刻如法修行、威儀行成，通過自己的精進努力而制伏本所具有的凡夫的妄執妄情，從而了知諸法之真如圓成實相。只有了知緣起之理，才能達到如聖智一樣地把握諸法實性的高深境界，以掃除一切凡夫愚癡、清除一切假相之見，以利發大乘求聖之心，並進而對人們周圍豐富多彩的世界有著合於佛智的正確認識，以加深對佛法僧三寶之智性的理解。能從佛智勝義的觀點知道一切的信、進、道、空，知道無生、無作、無慧之真義實性，這樣就能破除愚癡，而得了知緣起性空之理，從而增進自己的善根。

【說　明】進道以識諸法空性為初。如果執於有無、偏於真諦與俗諦，那是妨道的。本節主要是破凡夫執諸有相、迷此無生之理的妄執，以達了真悟性，進分善根。

第五　定心

若佛子❶，寂滅❷，無相無相❸，無量行、無量心三昧❹。凡夫聖人，一切無不入三昧，體性相應。一切以定力❺故，我、人，作者、受者，一切縛見性，是障因緣，散風動心，不寂而滅，空空八倒無緣。假靜慧觀，一切假會，念念寂滅❻。一切三界❼果罪性，皆由定滅❽，而生一切善。

【注　釋】❶若佛子　《大正藏》本處為「若佛子，定心者」。❷寂滅　或稱為涅槃，因為其體寂靜，離一切相，故為寂滅，即指度脫生死，進入寂靜無為之境地。又因為寂滅之境遠離迷惑世界，含快樂之意，故稱寂滅為樂。《維摩詰經》卷上〈佛國品〉有曰：「菩提者不可以身得，不可以心得。寂滅是菩提，滅諸相故。」卷中也有「法名寂滅」之語。❸無相無相　後一個無相是指諸法無相，本為因緣假合而成。前一個無相是動詞，其意為不以無相之心執於無相。其意是說，雖然諸法無相，但也不能執於其無相，對無相也應以無相視之。《大正藏》本處為「無相無相，人爾時入內空，值道心眾生，不道緣不見無相。」❹三昧　梵語之音譯，也被譯成三摩提、三摩地等，其意為等持、正定、定等。即通過一定的修習或禪定，而能將心（意念）定於一處或一境、心體寂靜、離於邪亂而無旁騖的一種精神狀態。對於三昧的分類和具體內容，佛教經典的說法極為豐富。❺定力　一種通過禪定和修習而達到的一種能夠息止散亂之意念，能夠收心凝神、斷除情欲煩惱的禪定力，屬於三十七道品的「五力」之一。❻念念寂滅　《大正藏》為「念念滅」。❼三界　此處意思為眾生所居住的欲界、色界和無色界。所謂欲界，即指具有淫欲、情欲、色欲和食欲等有情所居住之世界，此界眾生男女雜居，染有諸欲，以是名之。所謂色界，此界眾生已經遠離欲界之淫、睡眠和食三欲，無男女之形，生命皆為化生，具有清淨色可以示現。無色界中，無有物質有情所住，無身體、宮殿、國土，僅有受想行識。參見頁九「第四禪地」注。《大正藏》本此處為「受一切三界」。❽定滅　若獲得禪定力，即能以定生慧，以慧斷滅貪瞋癡。故云一切三界果罪性，皆由定滅。

【語　譯】佛弟子，應遠離一切所執相，知悟諸法最終都要歸於寂滅，因此諸法實無實相，所以本為無相。但也不能執於於其無相，從頑執其「有」變為頑執其「無」。凡夫聖人若能從無量行而得無量心三昧，就能入於三昧，並以之所成的定力而照達我、人之實相，破除作者、受者等一切縛見邪見，斷滅一切障道因緣，遠離一切能夠擾亂心神、破壞禪定的邪見邪念，而了知諸法寂滅之真性。就能知道性空和相空之理，遠離八倒邪見。從因定所發之慧，明達一切本是假會而成，剎那生滅。達於此理，則一切三界果罪性皆可由定而滅，從而生一切善根。

【說　明】修習者因定發慧。所以佛陀說：「若修習定，則得如是正知正見……能見五陰出滅之相。」「若不修定，世間之事尚不能了，況於出世。」「若有修習三昧定者，則有大利益，乃至阿耨多羅三藐三菩提。」「菩薩摩訶薩具足二法能大得益：一定，二智。」（北本《涅槃經》卷三一

〈師子吼菩薩品〉

第六　慧心

若佛子❶，空慧❷非無緣。知體❸名心，分別一切法，假名主者，與道通同。取果行因，入聖捨凡，滅罪起福、縛解，儘是體性功用。一切見❹，常樂我淨❺。煩惱❻，慧性不明故。以慧為首，修不可說觀慧，入中道一諦❼。其無明❽障慧，非相、非來、非緣、非罪、非八倒❾、無生滅。慧光明焰為照樂虛，方便轉變神通，以智體性所為，慧用故。

【注　釋】❶若佛子　《大正藏》本此處為「若佛子，慧心者……」。❷空慧　一切體相，本由因緣和合，慧也是如此，本無自性，依他而起，故方言其為空。但如果把此「空慧」理解成「解空之慧」，也合文意。❸知體　即「能知體」，為心、慧之所依。❹見　即見解、主張或觀點之意。見有正見和邪見之分。邪見又有著二見、五見等之分別。❺常樂我淨　即常說的涅槃四德或簡稱為四德，是如來法身所具的四種功德。只有具有常樂我淨之四德的涅槃方為大涅槃。❻煩惱　佛教經論中頻繁出現的一個概念，其與我們今日所說的「煩惱」一詞在意義上並不全然相同。佛教所說的煩惱，主要是指那些能夠引發或誘導無量眾生產生惱、亂、煩、惑等精神困苦，而妨礙追求無上聖智和全面解脫的一種精神性的作用或力量的總稱。❼中道一諦　中道最基本的意思為離開二邊、拒絕邪執，而立中正之道。中道思想在原始佛教時即已經出現，部派佛教時期得到發展，其理論的最高發展當為大乘佛教的中觀思想出現。大乘中觀思想以般若波羅蜜為根本立場，遠離空有、真假、動靜等二邊，以中道之義解釋宇宙萬物和人的認識，其最高的概括即為「八不」之說。即如《中論・觀因緣品》第一中所說：「不生亦不滅，不常亦不斷，不一亦不異，不來亦不去。能說是因緣，善來諸戲論。我稽首禮佛，諸說中第一。」中道是為真諦。❽無明　十二因緣之一，即無明支，或稱為煩惱。泛指一種不能體達實相、於事理闇昧無知的精神狀態。❾非相非來非緣非罪非八倒　非相，萬法源於因緣和合，無此因，則無法無相，正因為此「相」源於因緣之合，原無自相，故才說其為「非相」。同樣，因為一切都源於因緣之成，本非自性，所以才會有非來、非緣、非罪、非八倒。

【語　譯】佛弟子，慧也本無自性，不可執起為有。慧起有緣，因心而成。心為能知體，能分別一切法，故假名其為實。解空之慧也為空性，此與聖道一致。知此空慧之性，正是捨凡之所憑。空慧為因，入聖為果。知此慧體性才能滅罪起福、掙脫縛繫，遠離一切執見，達於常樂我淨之涅槃四德。煩惱有存，正是因為慧性不明，不知空慧之性。所以要想斷除煩惱、遠離妄執，就應以慧為對治之法，修成那種不能容易說明白的觀空之慧，才能入於中道一諦。由於愚癡無明障礙空體達慧，因此不知諸非相、非來、非緣、非罪、非八倒等之性均無生滅。一旦能知慧空體性，即能慧光明焰照遍樂慮，也即可知道方便轉變神通也是以智體性所為，即是慧用。

【說　明】智能離癡，慧能治愚，此乃捨凡入聖之所憑。但不能執於慧之實體性，否則，又會墮於新執之中。

第七　願心

若佛子，願願❶，大求、一切求❷。以果行因故，願心連願心，連相續百劫，得佛滅罪。求求❸至心，無生空一❹，願觀觀入定照。無量見縛，以求心故解脫。無量妙行❺，以求心成。菩提無量功德，以求為本。

初發求心，中間修道，行滿願故佛果便成。觀一諦中道非陰、非界、非沒❻，生見見❼、非解慧❽，是願體性，一切行本源。

【注　釋】❶願願　《大正藏》本此處為「願心者，願大求」，《梵網經古迹記》此處也為「願願」。並解釋為既要大求，又要一切求，有雙求故言「願願」。❷大求一切求　《梵網經古迹記》說，「求斷」名大求，「求智」名一切求。求，即企求；希冀之意。❸求求　持續不懈地求因求果，是為求求。❹一　即實相，也即是了解達悟諸法之本空、無相。❺妙行　其意有三：身妙行、語妙行和意妙行，又稱為三妙行，或三清淨。為智者所愛樂、崇尚的三種行為，如此之果行可招致至善的果報。對於大乘佛教來說，往往指菩薩的修行。菩薩以求佛智菩提為旨，以大誓願、歷經多劫而獲致大功德，是為妙行。❻非陰非界非沒　達成於佛智，即已圓證法界，離有無二邊，知因緣和合，得一諦中道，故為非陰；其智慧照諸法界非一非離，無量差別而又萬德相融，故而非界；法界生滅也非如二乘人所認為的是灰身滅智，故稱非沒。❼生見見　知法界非陰、非界、非沒，圓證聖智後而起無量之用，為生見見。❽非解慧　雖然我已圓證聖智、起無量用，但仍不言我有所作、已有功德，故說為非解慧。此是為了防佛子因有所悟而起執心、慢心。

【語　譯】佛弟子，為了求斷、求智而相續不懈修行以達於果報，心發大願相續不斷，（追求不輟，持之以恆，）歷經萬劫而不輟，方可達於佛果，超脫於生死災患。在達於此求斷、求智的道路上，應當在心中先求得諸法本空的實相，這樣才能達到定照。藉此，無量的邪見束縛才能破除，最終求得心的解脫。所以要知道，無量妙行因為堅定的求心而得成就，菩提無量功德也實以堅定的求心為根本。

因此佛子應當從發心而求，通過修道之因，佛子修行之初，應當發大願，通過不斷的修道，待大願完滿之時，也是證得佛果之日。成於佛果，悟得勝義諦之中道實相，圓證佛智而得無量之用，把握中道的非陰、非界、非沒之性。儘管已經圓證智性，但並不認為和滿足自己已經真的了悟聖智，仍然孜孜以求。因為佛子知道，發心不懈是一切聖行之根本。

【說　明】此節仍然是在強調達於聖智之重要性，發心達於聖智是無量功德行之本，只有了知諸法實相者最終才能求得解脫。

第八　護心

若佛子，護❶三寶❷，護一切行功德，使外道❸、八倒、惡邪見不嬈正信。滅我縛❹，見縛❺無生❻。照達二諦❼，觀心現前。以護根本❽，無相護。護空、無作、無相❾，以心慧連慧連❿，入無生。空道智道，皆明光明光⓫護。觀入空假，分分幻化⓬。幻化所起，如無如無⓭。法體集散不可護，觀法亦爾。

【注釋】❶護　佛教所說的護，有多種意思，如律儀、戒等意。從修行者的角度言之，分有內護和外護兩種。內護即持守佛法，內護己心、純淨三業；外護即是得以親族、同修等人相助，而得以安修己心，得成佛果。此處所說之護，當指護持之意。❷三寶　即指佛、法、僧。《金光明經玄義》卷上說：「佛、法、僧是為三，可尊可重名為寶。」佛者，廣指一切諸佛，他們因為了知宇宙人生萬法之真相，而能開悟眾生；法者，即佛向人間所廣為演說的教法，依之，人們得以解脫達慧；僧者，其意指修學教法的僧伽集團，他們是佛法住世的實行者。❸外道　又被稱為外學、外教等，是佛教對其他教派或教義的稱呼。與此相對，佛教自稱為內道，其典籍也因而稱為內典。如道宣之《大唐內典錄》即從此說而起。原始佛教之初的「外道」之說，並無貶義，其意即為「正說者」或「苦行者」。但在後世，外道之說帶有極強的貶義。在佛住世前後，通常認為有十六種、二十種、三十種或九十六種外道。❹我縛　凡人執著於「我相」、「我愛」或「我執」、「我慢」，不見真如相、不了「我」與諸法實乃因緣而生，故此「我」之見解，成了纏縛，是為「我縛」。❺見縛　因「我」之所「見」而對諸法萬物的一種見解或觀點、信念等。但是凡人妄執己見，即是我見。此有二種：即人我見、法我見。前者是指執著於色受想行識五陰，不明「我」乃五陰之假合，而執為實有。後者是指不明諸法皆空，緣起故生，而執其為有實體。如果執有此二種見，即會妨道障業，故稱為「見縛」。見，意為探究；推度。❻無生　此處指我縛、見縛不生起。太賢說：「伏煩惱障言滅我縛，伏所知障言見縛無生。」❼二諦　諦，其義為真實不虛，永遠不變，恆久一如。

《增一阿含經》卷一七說，如來所說諸法真實不虛故稱為諦。諦的種類，其說法有多種，如唯一真如法稱為一諦，真俗二諦，天台說的空假中三諦，原始佛教說的苦集滅道四諦，其他還有五、七、九、十、十六、二十五諦等等說法。真諦或稱勝義諦、第一義諦，其內容為出世間的真理；俗諦即世諦，所詮為世間真理。❽根本　此處指三寶。❾空無作無相　即三解脫門，或稱三空，因此三者都是闡明空的道理。此三空應當以智而護。❿以心慧連慧連　我、法二空觀相資，以兩空慧而護，即慧連慧連。《大正藏》本為「以心慧連」。⓫明光明光　如是相連入無生，止道觀道則為明光明光。⓬分分幻化　以慧護觀入於空境，使俗假相別，故言分分。似我似法，妄識中似有，故言幻化。⓭如無如無　俗智所見之法相本幻化所起，所以為俗相，其本是性空。若以空智觀之，則為無，故言如無如無。

【語　譯】佛弟子，若要修菩薩道，應當護持三寶，依此護行而生功德，使外道、八倒等諸惡邪見，不會妨礙心中生長正信。憑此功德能滅我人知見之所縛，不使再生。能使真俗二諦了然於胸，慧觀之心現前。能以無相護，護根本三寶。以聖智觀得法我二空，以此二空相資而護空、無作、無相三空門，最終才能達到了知諸法不生不滅之境，知諸法不生不滅之理。對空道、智道則以明光明光相護，能使自己知道實相與假相、真諦與俗諦相分之理。這樣以空智觀視，分別真俗二諦，才能知道誤認為諸法實有，乃本因幻化所致。諸法本空，所以才像有而實無。但是，法由緣起，體集而成，緣盡體散而滅，這是不可改變的。

【說　明】本節說明了以無相護三寶之法。

上述八心相當於《菩薩瓔珞本願經》所說的十信心之前八心。

第九　喜心❶

若佛子❷，見他人得樂❸，常生喜悅，及一切物。假空照寂❹，而不入有為❺，不無寂然❻，大樂無合❼。有受而化❽，有法而見❾，玄假❿法性，平等一觀。心心行⓫，多聞一切佛行功德、無相喜智，心心生念而靜照，樂心緣一切法。

【注釋】❶喜心　喜，即心中的愉悅狀態，為「五受」（即五種感受：苦、樂、憂、喜、捨）之一。❷若佛子　《大正藏》本此處為「若佛子，喜心者……」。❸樂　與「苦」相對而言之，即指身心歡愉的一種感受。細而言之，作為善業所引之果報，這種所發的歡愉及之於身稱為樂或樂受；形之於心，則稱為喜或喜受。❹假空照寂　「假」即唯識三性之「依他起性」，「空」即唯識三性之「遍計所執性」。此二性言及眾生對法界萬象的真俗二諦之看法。照寂，「照」即「觀照」，意為以真如之妙用觀照十方，發現其自性空，發現其真空妙有之實相，從而能遠離一切的愚知見。❺有為　佛教基本術語之一，與「無為」對稱，即有所造作、作為之意，一般用來指稱由因緣和合所生起之現象。此處意思是說，萬法之所以為空，不是人為地視之為空才為空，更不能執其為空。「空」為自性空，是緣起性空，是真空妙有，只有如此才不會墮入「有為」之一偏。《梵網經古迹記》說「不見初二性言不入有為」，其「初二性」即為「遍計所執性」和「依他起性」。❻寂然　原指法之寂靜無事之狀，也用來說明人心中所呈現和達到的那種平靜澄澈之境地。此處「寂然」當指「空寂」、無自性之「空」。此句意在強調，認識諸法為空，是自性空，但不是絕對的「空」，其空的是相，因其有著美妙的真如之性。其相是不無，其性是寂然。❼大樂無合　《梵網經古迹記》說於境無我故言無合；內證樂中境智俱空，故言大樂無合。此句的意思是，由於發現「我」的本性與境一樣，為空而不寂，而心中生起歡喜。❽有受而化　此處意思是，因為明白了性空之理而感到喜悅，從而使自己得到佛智的教化，使自己遠離惡執達於正見。受，即作為對外界的感覺器官（六根）、對外界事物（境）的認識和感受，它來源於認識主體對外界的感知。此種感知有苦、樂、喜、惡等之分，或有利（順）、不利（違）、無利害關係（俱非）之別。因有「苦受」而遠離違境，因有「樂受」而追求順境。化，即教化，而使人轉惡為善。❾有法而見　此句意為明白了此種正義，即可在大千世界之俗相之物中發現佛法真諦，了解諸法緣生之理，發現佛法就在世法之中，也即是「翠竹黃花皆佛性」。見，即「現」。❿玄假　玄，即勝義諦。假，即俗諦。金陵刻經處本為「云」，今據《大正藏》本及《梵網經古迹記》改。⓫心行　即心願；決心，即指發心為佛道之舉。

【語　譯】佛弟子，見他人因得聞佛道而歡愉，心中應為之生起歡喜心，並以此歡愉之心推及一切眾生。〔而且以真如之妙用觀照十方，〕發現諸法之自性空，發現其真空妙有之實相，認識到諸法為空，是自性空，但不是絕對的「空」，其空的是相，因其有著美妙的真如之性，從而遠離一切執相為實有的愚知見。而且因為明白了性空之理，發現其相不無，其性不有，發現自己的空性，而感到喜悅，從而使自己得到佛智的教化〔，得以遠離惡執達於正知正見〕。明白了性空之理就會發現佛法正在世法之中，真諦俗諦二種平等一如。若發心求道，應以喜悅謙遜之心多多聽聞一切佛行功德，體悟佛之無相喜智，並進而發現佛我本一的真如心。這樣就能生正智觀照諸法，並從中心生歡喜，以此聖智觀達世界方法。

【說　明】強調對佛法的樂聞喜受之理。發心為佛應當從佛智中體悟喜樂，從以佛智觀之諸法本性中體悟愉樂。而且要認識到佛法、世法不即不離、平等一如。

第十 頂心❶

若佛子，是人最上智❷，滅無我輪❸、見❹、疑❺、身、一切瞋等。如頂觀連❻，觀連如頂；法界中因果，如如❼一道。最勝上如頂，如人頂。非非身見、六十二見❽、五陰❾生滅、神我❿主人，動轉屈伸，無受無行可捉縛者。

是人爾時入內空值道，心心眾生⓫不見緣、不見非緣，住頂三昧，寂滅定，發行趣道，性實、我人、常見⓬、八倒生，緣不二法門⓭，不受八難，幻化果畢竟不受。唯一眾生⓮，去來坐立，修行滅罪。除十惡、生十善⓯。入道正人、正智、正行⓰，菩薩達觀現前。不受六道果⓱，必不退佛種性中生，生入佛家，不離正信。上〈十天光品〉廣說。

【注釋】❶頂心　即具備最上智之心。傳為不空譯的《大乘瑜伽金剛性海曼殊室利千臂千缽大教王經》卷七中說：「如人心頂最為高貴。」❷是人最上智　《大正藏》本首二句為「若佛子，頂心者，是人最上智……」。❸我輪　即執我為首。❹見　佛教所說的見有多種含義，即對世界人生的觀點、認識。有正見和邪見之分，此處指邪見。❺疑　指對聖道如因果、因緣之法猶豫不決，是唯識家所說的主根本煩惱之一。《大乘義章》卷六說疑有兩種，一者疑事，如夜觀樹疑為是人為非人等；二者疑理，疑諸聖諦等。❻觀連　即持續以定觀空而得最上智的智慧觀照。《大乘瑜伽金剛性海曼殊室利千臂千缽大教王經》卷七有：「菩薩起高顯心，救於一切眾生。常行慈行，修持最上佛智。滅我見、人見、眾生見、壽者見。菩薩人靜慮定中，滅無我輪、見、疑、身，滅一切妄想根本煩惱，除貪、瞋、癡等。觀照心寂、澄定見性，名證心頂。如頂觀連，如頂觀連，觀連如頂。於心頂法界，空性無有因果，如如一道，清淨最勝上如頂。」❼如如　此處指因果輪迴，諸法無二皆如，故云如如。❽非非身見六十二見　身見，五見之一，執身體為實有，而不知其乃五蘊和合之物，緣盡則滅。六十二見，指佛陀時期印度六十二種外道所執之見解，如《長阿含經》卷一四之《梵動經》即言有十類六十二見之異說。《大正藏》卷一有月支優婆塞支謙譯的《梵網六十二見經》，對六十二見的具體內容有不同的說法。非非，簡除身見和六十二種見，故云非非。❾五陰　《大正藏》本為「五眾」。❿神我　佛教所說的外道邪見之一種，我稱為「神我」，指個人之精神本體。印度數論學派所立二十五諦之第二十五。即執「我」為常住獨存、受用諸法之實我。⓫心心眾生　意為修菩薩道者恆續發起救度眾生之心以行慈道。《大正藏》本為「心眾生」。⓬性實我人常見　性實，即法執，執法為實有。我人，即我執，執我為實有。常見，為「斷見」之對稱，主張世界是常住不滅，人死之後之「我」(靈魂)亦常住不滅的見解。其都為邪見。⓭不二法門　即修達聖道的不二之理。門，即修達佛道之處或方法。佛教常說有八萬四千法門，不二法門實乃為超越諸門差別、直指聖道的一種絕對方法。⓮唯一眾生　眾生均有解空聖智，同起大慈悲心，都斷滅了我執法執，即為唯一眾生。⓯除十惡生十善　身口意三業意行的善惡性。十惡是：殺生、偷盜、邪淫、妄語、兩舌、惡口、綺語、貪欲、瞋恚、邪見。離上十惡即為十善。按其所屬為身三、口四、意三。⓰正人正智正行　正人，滿十解位者為正人，即徹底解脫之菩薩。立福智資糧名正智正行。行，意即福。⓱不受六道果　說明了只要發起而達於上述十心，即可擺脫無窮盡之生死輪迴。六道即指地獄、餓鬼、畜生、阿修羅、人間、天上等六種世界。六道常與「四生」（胎生、卵生、溼生和化生）並稱。六道輪迴是佛教的基本教義之一。佛教認為，無量眾生各依其業而趣往六道中的一道，這是不能避免的，由於眾生所具有的未盡之業，在六道中遭受無窮的生死流轉和輪迴。

【語　譯】佛弟子，要知道頂智是超過上述九智的最上等智。若具備了此種智，即有如下功德：能破除一切執我為首、邪見、懷疑真諦、以己身為實有、一切嗔等愚癡行為。以此頂智相續關照，則能知曉法界中因果輪迴，了解真俗二諦不一不二、諸法本為一相。由於此種智如人頭頂，位為最尊，所以如若修得此智，則能遠離非非身見、六十二見，洞悉五陰生滅之理，破除如外道般執神、我為主體存在的觀念，在對諸法認識上不受其左右支配，使自己不再受愚癡邪見的捉縛。

具有如此頂心者，即能體悟空的本義，達到聖道之境界，遠離眾生能持續不斷發心救護眾生之見；就能不住於緣，也不住於非緣，達到至高三昧境界，通曉寂滅之理，促進發行趣道，使性實、我人、常見和八倒等諸邪見不再起。憑此普遍絕對之法門，不受八難苦厄、不入幻化謬見等惡報。因同具佛智，眾生如一，去來坐立，以不懈修行，其罪滅盡，所以能除十惡、生十善，升入聖道，立福智資糧成為徹底解脫之正人。而且菩薩達觀現前，超脫六道輪迴，所得佛種性永不退轉，則永住佛地，不離正信，永不退轉。以上在〈十天光品〉廣說。

【說　明】本經所說的第九喜心和第十頂心相當於《菩薩瓔珞本業經》的十住心之後二心。

上述十心，是地前菩薩所發之十種心，並由之入於堅法忍中。仰此十心，能助成信行，實為成道之初階。明蕅益大師之《梵網合注》以其為十住法門；道昉在其《梵網經合注》卷一中，將此十心配合十波羅蜜；唐法藏之《梵網經菩薩戒本疏》卷一，以此十心配於《瓔珞經》等所說之十住位，謂十住乃三賢初入位之始，故稱發趣。

但此十心之序或其名，各本菩薩戒經的說法或譯法略有不同，茲列之如下：

經品	十信心（十發趣心）									
	1	2	3	4	5	6	7	8	9	10
《仁王經》卷上〈菩薩教化品〉	信心	精進心	念心	慧心	定心	施心	戒心	護心	願心	迴向心
《菩薩瓔珞本業經》卷上〈聖賢名字品〉	信心	念心	精進心	定心	慧心	戒心	迴向心	護法心	捨心	願心
《梵網經》卷上	捨心	戒心	忍心	進心	定心	慧心	願心	護心	喜心	頂心

十長養心

盧舍那佛言：「千佛諦聽。汝先問長養❶十心者。」

【注釋】❶長養　略稱為養，能生長養育之意。《雜阿含經》卷一五說是以摶食、觸食、意思食和識食，而養諸根與心和心法生長。所謂長養，即發心後長養聖胎，待入聖位。明代智旭認為十長養心即十行法門。指菩薩五十二位中第二十一位至第三十位之十行心。《大正藏》本為「千佛汝先問，長養十心者。」

【語譯】盧舍那佛繼續說道：「眾佛子仔細聽，下面我們接著說十長養心。」

【說明】發心為成道之初，長養才能成於聖道。

第一　慈心❶

若佛子❷，常行慈心，生樂因已。於無我智❸中樂相應觀入法，受、想、行、識、色等大法中，無生❹、無住❺、無滅，如幻、如化，如如無二故，一切修行成。法輪❻化被一切，能生正信❼，不由魔教。亦能使一切眾生得慈樂果，非實、非善惡果❽，解空體性❾三昧。

【注　釋】❶慈心　若對所有處於苦惱中的眾生皆以友善、同情之心相待，則稱之為慈。此種心則為慈心。❷若佛子　《大正藏》本此處為「若佛子，慈心者……」。❸無我智　即平等智，以此智可悟人、我等一切生命之彼此平等，破除我執我慢，並從而生起大慈悲心。如果執我為首者，是難以生起大慈悲心的。❹無生　意即諸法實相無生無滅。萬法存在本無實體故，無生滅變化可言。因為凡夫愚執有生有滅，才難脫生死流轉。❺無住　諸法本無自性，四相不遷，因緣而起，無去無來，因無所住，故稱無住。正因此故，無住也即實相。鳩摩羅什譯《維摩經》之〈觀眾生品〉曰：「從無住本立一切法。」❻法輪　即印度古代的戰車，因戰車回轉可戰勝敵人，故佛陀藉其威力無比來喻佛法無敵，可以破一切眾生的愚癡、無明，開悟聖智。後以法輪來比喻佛法，佛陀說法也因此被比喻成為轉法輪。❼正信　即正直、正確之信念。乃相對於外道邪教或魔教而言，即生起大乘正信。❽非實非善惡果　以慈悲心善待一切生命，其所得的最大果報即為自己的心生歡樂，而不是有形的果報。因為真正的果報本非為實在的、有形的。此種果報能夠利益對諸法之空相的認識。所以《梵網經古迹記》說：「非實者，謂所利益信心空故。非善惡果者，謂所安樂樂果空故。」❾體性　即實體，諸法事物之質，萬物實為不變不易，此之為性。依佛教之義，萬法本性為空，是為空體性。

【語　譯】佛弟子，應當常以慈心對待一切生命，並從中體會到由此而生的歡樂之情。如此，才能破除我執我慢，理解眾生之生命的平等，並以此無我平等的生命觀對待一切受想行識色諸法現象。對於存在之諸法，要能夠看到其本性是無生、無住、無滅。雖然存在，其本質是假有或幻象，因此一切存在之實相與諸法皆空，如如不二，如此則能成就菩薩的修行果位。明白此理就能理解佛法之真諦，並以之正信教化一切眾生，使其生起歡愉佛法之心，不墮入魔教邪說之境。這樣也就能使眾生由此正信而萌生慈悲之心，而得以善果之報。此種果報是更能夠加深對佛法的湛深之意的理解，更能理解萬法為空的體性，使自己心離邪亂，攝心不散。

【說　明】此處慈心，要能使廣大眾生起正確信念，了知事物萬法當體即空，以破除我執，得生慧心；要認識生命平等，以破除我慢，而生慈心。

第二　悲心

若佛子❶，以悲❷空空無相❸。悲緣❹行道，自滅一切苦。於一切眾生，無量苦中生智。不殺生緣、不殺法緣、不著我緣，故常行不殺、不盜、不淫，而一切眾生不惱❺。發菩提心者，於空見一切法如實相。種性行中生道智心❻，於六親六怨❼、親怨三品中與上樂智❽，上怨緣中九品❾得樂果。空現時，自身、他、一切眾生，平等一樂，起大悲。

【注　釋】❶若佛子　《大正藏》本此處為「若佛子，悲心者……」。❷悲　又音譯為迦樓那、加盧那。眾生由於諸種愛欲產生種種苦惱，悲即由此愛的苦惱而生，表現為惻愴他人之苦而欲救濟之心，為四無量心之一。❸空無相　諸法實相為空，但也不可愚執於空，要認清「空」也為空，故稱為空無相。❹緣　即攀緣；憑藉之意。如老人荷杖、似猿猴攀枝，心隨境轉，飄忽不定，即以其悲心為「能緣」，以諸法空性為「所緣」，而生滅苦之智。❺惱　心所之一，指對所犯過失的一種自憤懊恨之心態。此處指因心境所染而對佛法的意亂神迷。❻種

性行中生道智心　本句意思是說，如果發大悲心，則能於空性中見一切法之如實性，若失壞空性則失一切大乘故，難以成佛。佛性催生道智，道智成就佛性。種性，即佛種性，或為佛性。道智，十智之一，實為一種緣道諦之智，本智慧緣道作道、如、行、出等四種行相，而能斷除迷惑的無漏智。❼六親六怨　六親，父、母、兄、弟、妻、子，對其友愛是為六善，加害於六親者是為六怨。此處「六親六怨」和「親怨」之「怨」字，《大正藏》本均為「惡」。❽上樂智　即得上樂拔苦之智。❾九品　對六親之善有上中下三品，每品又各有上中下之等階，因而對六親之善共有九品。怨也如是。此處「九品」指怨九品。

【語　譯】佛弟子，以慈悲之心看待諸法之空，而且不頑執此空理。憑此慈悲之心廣行佛道就能使自己滅一切苦惱。以慈悲心對待一切有情眾生，使其明於諸法之空理，就能於無量苦中生滅苦之智。藉此不殺生命、不壞佛法和不執我見之理，能常行不殺、不盜、不淫之淨行。因發此慈悲之心，一切眾生才能不為外塵所染而使心境紊亂，這樣就能夠生起菩薩之心，於諸法之空理中領悟諸法實相之理，在成就佛之種性中生道智心。這樣，於六親六怨、親怨三品中能得上樂智，在上怨緣中以九品之怨也能得九品之樂果。如果對親怨以空觀之，則自身、他人、親怨之人等一切眾生都能超越親怨，以歡愉之心平等視之，如此則必生起大悲心，成就佛性。

【說　明】識達空慧，即能體悟諸法為空，從而不墮有見之中而得生智心。妨智者，有執也。

悲是佛教的重要思想之一。《大乘義章》卷十一說：「慈能與樂，悲能拔苦」。《大智度論》卷二十說，「悲名愍念眾生」「修悲心為除眾生中惱覺故」，卷二十七有「大慈與一切眾生樂，大悲拔一切眾生苦」，即憫念眾生於五道中所受之身苦、心苦，稱為悲。「慈悲」有三種：㈠生緣慈悲，即觀一切眾生如赤子，而與樂拔苦，此為凡夫之慈悲，故亦稱小悲。㈡法緣慈悲，指開悟諸法無我之理所起之慈悲，為阿羅漢之二乘及初地以上菩薩之慈悲，又稱中悲。㈢無緣慈悲，能遠離差別之見，因其無分別心而生起平等絕對的慈悲，為佛獨具，特稱為大慈大悲。另外，北本《大般涅槃經》卷十五說欲與眾生無量之利樂者，稱為大悲。

第三　喜心

若佛子❶，悅喜無生心❷時，種性體相❸道智❹，空空❺喜心。不著我所❻，出沒❼三世因果❽無集❾。一切有❿入空觀行成，等喜一切眾生⓫，起空入道。捨惡知識⓬，求善知識，示我好道。使諸眾生，入佛法家。法中常起歡喜，入佛位中。復是⓭諸眾生入正信，捨邪見，背六道⓮苦，故喜。

【注釋】❶若佛子　《大正藏》本此處為「若佛子，喜心者……」。❷無生心　以喜心觀空，名無生心。❸體相　體即本體，是為法之根本，其決定諸法之外在之表現，對於佛教思想，體即為空，是不真空，或真如、實相。相為體之外在表現，其表現體之本質。正因為其體為空性，其外在表現才為無集、流轉和無定相。❹道智　此處指中道智，即一種能夠超越空有二種邊見，了達實相的智慧。❺空空　我空、法空故名為空空。我空者，無我及我所；法空者，諸法流轉無定相、無自性。❻我所　或為「我所有」，即一種執我之所有、我之所屬的觀念，認為「我」之外的一切均為我所有。佛教認為，之所以有我見、我執，正是由於對「我所」的錯誤見解。因此，「我」與「我所」，正是佛教所要斥破的一種妄執。❼出沒　出沒意即生命有情的生死流轉。❽三世因果　三世，即過去世、現在世和未來世。佛教認為，一切皆依因緣而起，因果相報，有因必有果。只是這種因果不一定即是一種當下的現象，故而提出了三世因果說。過去世之因可能引下現在世之果，現在世之因也可引起將來世之果。簡而言之，因果報應可以橫貫三世，故稱為三世因果。此種意義與佛教中的三報說、三業說密切相關。參頁二三「十二因緣」注。❾無集　諸法生命本因諸緣所起，緣聚而生，緣盡而滅，還屬眾緣，無其定相，此謂無集。❿一切有　一切生命及有為法。⓫等喜一切眾生　以平等歡喜之心對待一切眾生。⓬惡知識　又稱為惡友或惡師等，即說人以邪法、惡法，而使人墮於魔道、住於煩惱者。依《妙法蓮華經》卷二所說，只有捨離惡知識，親近善知識者，才可為之演說正法。另在北本《涅槃經》和《長阿含經》中也有許多關於惡知識的論述。⓭復是　《大正藏》本為「復令是」。⓮背六道　遠離六道，即遠離地獄、餓鬼、畜生、阿修羅、人間、天上等六種世界。其六道有等級之區別。佛教認為，眾生因其有未盡之業，以至於在六道中受盡無窮流轉、生死輪迴之苦。

【語　譯】佛弟子，應當以其喜心觀諸法之空，以道智而觀諸法種性和體相，並體會到我空、法空之欣喜，不頑執「我」和「我所」之謬見，了解生命在三世中的因果流轉、無相無定。要以不真空的觀點看待一切有為法的體性，以平等歡喜之心對待一切眾生，促其了解諸法性空之理，達於佛道。佛子還應當遠離一切惡人，親近善知識，並廣弘佛道，讓處於生死流轉中的無量眾生都能歡喜佛道，歸入佛家，達於佛位，並為之欣然。這樣，就能令諸眾生，入正信、捨邪見，從而脫離六道輪迴苦，同生喜心。

【說　明】佛子慈悲為懷，自度度他。以聖智化被佛法於一切眾生而生歡喜心，救眾生於邪見輪迴之中。

第四　捨心❶

若佛子❷，常生捨心。無造❸、無相❹、空法❺中，如虛空。於善惡有見❻無見❼，罪福二中，平等一照。非人、非我所心，而自他體性不可得，為大捨。及自身肉手足、男女國城。如幻如化，水流燈焰。一切捨而無生心，常修其捨。

【注　釋】❶捨心　慈、悲、喜、捨四無量心之一，即對一切均捨棄而無執著之心。❷若佛子　《大正藏》本此處為「若佛子，捨心者……」。❸無造　造即造作，無造本意為非因緣而成，也即是無為法。此處指無造作之心，即無「捨心」之念。❹無相　即無形質、色礙之意，與有相相對，其更深層的意思即是說萬法實本為無，因其因緣和合而成，故屬假有，因此為性空，性空故屬無相。正如《大寶積經》卷五所言：「一切諸法本性皆空，一切諸法自性無性。若空無性，彼則一相。所謂無相，以無相故，彼得清淨。若空無性，彼即不可以相表示。」此處是要發大乘心之佛子不執於性空之假有，不墮我、我所，而要了達捨心之相也為空。❺空法　即觀諸法為空之理，依之可觀我空、法空、有為法空、無為法空。此處指能觀捨心也為空。❻有見　此處意即一種固執於「有」的見解，這是凡夫之見，故也稱為「常見」。執有見者，認為宇宙萬法皆為實有、恆常不變。因此

《法華玄贊》卷四說：「若有者，執我後身為有，常見也；若無者，執我後身為無，斷見也。」另外，在《雜阿含經》卷二、卷三四，《中阿含經》卷二六，《大智度論》卷七等經論也有許多對有見的論述。❼無見　又被稱為斷見，此種觀點走向另一極端，不僅否認世間「我」與萬法皆歸斷滅，而且也走向了否認因果善惡報應這一佛教的基本觀點。因其沒有體悟到諸法的真空妙有、本性即空，所以，這種觀點也受到佛教的反對。顯然，有見與無見，從思想方法上都是各執一端，沒有領略《中論》所說的諸法非有非無之第一義諦也。所以僧肇於《不真空論》說：「雖有而無，所謂非有；雖無而有，所謂非無。」

【語　譯】佛弟子，應當常生捨心。但也不能在心中作「捨心」之念，執「捨心」之相，應以「空」的思想觀照一切諸法，就會發現它們都是如虛空般空寂湛然。如有空觀，則不會執於善惡之實有或實無，就能認識到它們的罪福二性，本為平等如一。也就沒有「人」、沒有「我」和「我所」之見，因而也就不會再執於其體性為實有。而能捨去執一切體性為實有的妄見，則是為大捨。〔有了這種空觀，即能生起捨心〕，願意捨出自身肉及手足，願意捨棄男女國城。因為這些東西都是虛幻不實的，如水流燈焰一般剎那生滅。應當對一切生起捨心，以捨心涵養其善根佛性。

【說　明】捨心，不僅捨有，也要捨無；不執於有，也不執於空。所以《大寶積經》卷五說：「諸菩薩應當解了一切諸法不生、不滅、不動、不住、不來、不去，自性空寂。於彼空性亦不執著，何況於相起執著想！彼空性中無有相想。若彼空中無有相者能入。如來說有為空、無我我所、一切我人眾生壽者，如是空性非染著非不染著，非汙非不汙，非迷惑非不迷惑，非愛非不愛。不住於空，亦不遍住，亦不建立。」

上述四心，即為慈、悲、喜、捨四無量心。常生捨心，因為一切體性都如夢如幻，如水流燈焰，為空，生捨心可以治貪治吝，利成佛道。此在十發趣心之第一捨心中已有說明。

第五　施心❶

若佛子❷，能以施心被一切眾生。身施❸、口施❹、意施❺、財施❻、法施❼，教導一切眾生。內身、外身、國城、男女、田宅，皆如如相，乃至無念財物❽。受者、施者，亦內亦外，無合無散。無心行化，達理達施，一切相現在行。

【注釋】❶施心　此處之施，即是布施之施。布施，音譯為檀那。細而言之，滅除慳惜、吝嗇之心，以己之財分於他人稱為布，苦身律己而惠及他人稱為施。其內容通常說法有二種：一是財施與法施；二是三種施，指施人以財富、聖法、智慧或勇氣等。小乘之布施主要是破除個人吝嗇與貪心，以免來世遭到貧困之果報；大乘之布施主要指施以佛法真諦，以廣度眾生之於苦厄之中。布施為大乘佛教的六波羅蜜和十波羅蜜之一。「施心」即指懷有能施之心或願施之心。❷若佛子　《大正藏》本此處為「若佛子，施心者……」。❸身施　此處身施，有二種意義，一是以身體或生命為施，以救眾生，如王子飼虎等；二者，即是以其行動作為助於眾生。❹口施　即是以口為善，說法救眾。❺意施　即是以正心、正意化被眾生，使其起正念正信。❻財施　即是施以財物。❼法施　即是以自己所聞知的佛法去向人演說，以覺悟世間。諸施的果報是不同的，如財施只能得世間果、人天樂果，此果只是暫得，而後必退；而若以法施眾生，得未曾得、果報不退。❽無念財物　無念，即正念。諸法一如，唯因妄念而起差別之相。若無妄心妄念，則無一切境界之差別相，即能遠離妄念達於真如。由於妄念熾盛，遂有世俗財物之執，故若無妄念，即無身外財物之存在，故稱為無念財物。

【語　譯】佛弟子，要有能斷除慳吝之施心以化被一切眾生，並以自己的身施、口施、意施、財施、法施等廣為教導他們（，使他們也能以施心惠及他人）。由於身體性命、身外財物、國家、男女、田宅等皆為一相，其體為空，因此只要能不執於世俗貪心妄念，就能知道一切財物皆無聚散之相。這樣，不僅能體認受者、施者以及財物為空，也能知道內外色心，一切生滅如幻（，即使是施心也是如此）。因此，施者更不應執於施心、應以其無施心而行施。如此才能超越俗見，與法不違，外行布施。

【說　明】以施行慈，以施治念貪吝之心。但又不能執於施心而行施，如此才能成就施行之功德。

第六　好語心

若佛子❶，入體性愛語三昧❷。第一義諦法語意，一切實語言皆順一語，調和一切眾生心，無瞋無諍。一切法空智無緣，常生愛心，行順佛意，亦順一切他人，以聖法語教諸眾生，常行如心，發起善根。

【注　釋】❶若佛子　《大正藏》本此處為「若佛子，好語心者……」。❷入體性愛語三昧　本句意思是說，佛子應當了知一切萬法之實相，而且以其善巧語言令眾生得以領悟，發起善根。體性，意為實體。一切諸法的不變本質為「體」，即種體之不可變易是為「性」。愛語，即愛語攝，或稱為愛言，四攝法的一種，其意是說菩薩、佛子在弘揚佛法時能依眾生之不同根性而隨機善言，靈活說法，令其起愛依之心而歸順佛法。三昧，佛教所說的三昧涵義多種。如十種得地三昧、十六種三昧以及二十五種三昧等。此處意指「十種得地三昧」，指菩薩能以自己的善巧說法，除一切有情之煩惱，使其生歡喜心而歸於佛法。

【語　譯】佛弟子，應當了知一切萬法之實相，並能以自己的善巧說法，除一切有情之煩惱，清晰闡明第一義諦法語意，一切說法語言皆應歸於正道一意，調和一切眾生之心，使其不生瞋恨之心，遠離諍訟，能以歡喜心而歸於佛法。知悟諸法皆空，從而常生喜聞樂見佛法之心；並能如法而動，行順佛意，亦能隨順眾生之意。所以，諸佛子應當能修此好語心以教諸眾生，使眾生常依此心而行，以發起善根，早成佛道。

【說　明】佛子但求度他，故應開啟眾生智慧。眾生得度，實為自度，所以應廣為眾生方便說法，既能增進自己的善根，也能令眾生廣開聖智，化被佛法。

第七　益心❶

若佛子❷，利益心時，以實智體性❸，廣行智道❹。集一切明焰法門❺，集觀行七財❻，前人得利益故，受身命❼。而入利益三昧，現一切身、一切口、一切意，而震動大世界。一切所為所作，他人入法種、空種、道種中，得益得樂。現形六道，無量苦惱之事，不以為患，但益人為利。

【注　釋】❶益心　《梵網經古迹記》稱為「利行心」。❷若佛子　《大正藏》本此處為「若佛子，利益心者……」。❸實智體性　深悟真如，達於佛道之體性，為化被眾生、廣弘智道之所緣成者。❹廣行智道　即是以真如之心化被萬物眾生之行。智，即般若智慧。菩薩在利人之時，也為自利，是為智。❺明焰法門　明焰，即燈，以喻般若聖智。《妙法蓮華經》卷七說：「是菩薩，以若干智慧，明照娑婆世界，令一切眾生各得所知，於十方恆河沙世界中，亦復如是。」集智資糧，以慧化人，是為明焰法門。❻七財　或為七聖財、七德財或七成法等。依《長阿含經》卷九之〈十上經〉，七財分別是：信、戒、慚、愧、聞、施、慧，乃佛子成就佛道的七種聖法或法門。以其持之者能助佛子成佛，故有此說。❼受身命　即自己身命也因之受益。

【語　譯】佛弟子，要以佛智利益己心，並以般若實智之體性，教化眾生，廣行智道。集智慧資糧法門，如明焰光照眾生；用己所集聚的七財，福惠眾生，而自己身命也得大利益。眾生若得此利益三昧，即示現於其身、口、意三業，三業之成而震動世界，饒益眾生，利人成道。修道者如是所為，能助他人入法種、空種、道種中，得益得樂。為了救度眾生，菩薩又重現於六道中，不受無量苦惱之事所患，只為利益無窮眾生。

【說　明】以智慧資糧利益眾生，自己也得大安樂。佛子只有在度他中才能真正實現自度。

第八　同心❶

若佛子❷，以道性智❸，同空無生法❹中，以無我智同生無二❺。空同源境，諸法如相❻。常生、常住、常滅，世法相續，流轉無量，而能現無量形身色心等業。入諸六道，一切事同，空同無生，我同無物，而分身散形故，入同法三昧。

【注釋】❶同心　《梵網經古迹記》云其為「同事心」。❷若佛子　《大正藏》本此處為「若佛子，同心者……」。❸道性智　即道智，或稱道種智、道相智。菩薩緣道諦作道、如、行、出等四種行相，了知一切諸法別相，能斷除迷惑之無漏智，是菩薩位所修得的智。❹無生法　即真如之理，涅槃之體。因為其遠離生滅，故曰真如實相，名無生法。❺同生無二　同生達空真如之理。❻空同源境二句　道性智與觀空之行相應，意為空同源境；法空行同皆本於法空如相。

【語譯】佛弟子，如能以道性智識達無生法之非生非滅真相，就能夠得生無我智以了知達空真如之理。以此道性智觀於外境，即可發現諸世法之性本為常生、常住、常滅，相續不止，因業所報，轉回無盡。在此流轉中示現無量色心，攝化眾生，憑此善業，得於此智，就能知道諸六道一切本質都是如此。皆本無實相實體，我身亦為假合。一旦緣盡，則分身散形。這樣就能入於同法三昧。

【說明】繼續說明對於佛子來說，認識空理，以之觀法的重要性。道性智與聲聞、緣覺的一切智、佛所有的一切種智合稱為三智。詳列於下表：

三種智	所有者	所能者	本質
一切智	聲聞、緣覺	能知一切法的總相，即空相	空
道性智	菩薩	能知一切法的差別相	假
一切種智	佛	能通達諸法總相和別相	中

上述四心相當於布施、愛語、利行和同事四攝法。

第九　定心❶

若佛子❷，復從定心，觀慧證空，心心靜緣。於我所法❸，識界❹、色界❺中，而不動轉，逆順出沒❻，故常入百三昧❼，十禪支❽。以一念智作是見，一切我人，若內若外，眾生種子，皆無合散❾，集成起作，而不可得。

【注　釋】❶定心　因修禪行而遠離差別之相、不受亂意所擾之心境。《大智度論》卷二六有云：「定心者，定名一心不亂。亂心中不能得見實事，如水波蕩，不得見面。如風中燈，不能得點。」故為由禪入定，以定發慧。❷若佛子　《大正藏》本此處為「若佛子，定心者……」。❸我所法　即我和我所。我，即「我自身」；我所，即「我所有」，指「我」身外萬物。我執之人，也執自身外之諸事物，也皆為我之所有。「我我所」是一種認為「我為萬物主，萬物為我所」的邪見。於我所法者即所遍計十八界也。此文可言我法、所法，謂七心界名為我法，多計識蘊以為我故；十根塵色法處色等名為所法。❹識界　即有著認識功能的眼、耳、鼻、舌、身、意等六根。界為類、聚之意。❺色界　五境之一，意為六識之眼根所取之境，有質礙顏色之性。此處泛指身外世界。❻逆順出沒　任憑諸法流轉而能心不為動、妄念不起，永保清澈澄明之心。❼百三昧　即百八三昧之略稱。三昧意為心安住於一境之寂靜狀態。對三昧有不同的分法和內涵。據經典所解，菩薩三昧有一百零八種，通常稱為百八三昧。❽十禪支　即禪定的十觀法或功德，太賢說十禪支為：尋、伺、喜、樂、心一境性、內等淨、捨、念、知、不苦不樂受。依《雜阿毗曇心論》卷七之說，四禪定計十八支，即初禪有覺、觀、喜、樂、一心等五支；第二禪有內淨、喜、樂、一心等四支；第三禪有捨、念、慧（智）、樂、一心等五支；第四禪有不苦不樂、捨、念、一心等四支。合其名稱相同者，共有十種，即覺、觀、喜、樂、心、淨、捨、念、慧、不苦不樂，故稱十禪支。❾無合散　即無合無散。太賢說：「無一定性言無合，緣合似有言無散。所以者何？眾緣集成之所起作，求彼實性不可得故。」

【語　譯】佛弟子，要從其遠離差別煩惱之定心，生證空之智慧，才能妄念不起，內心澄明，不生戲論。對於我和我所、對於一切外界的聲色犬馬之紛繁變幻而心不動轉、意不動念。任其法界流轉而妄心不起，就能常入百八三昧之境，達十禪支之功。並能以一念智作視我空、法空，從而知道，不論是內根還是外塵，或眾生種子，一切都是本無生滅之相，其或聚或散，皆是因為緣成集起而作，故其實性實不可得。〔明白此理，即能不為內心外境之紛擾所動所惑，而持定心不亂。〕

【說　明】真正的解脫是以智解脫，智乃由定得。因定發慧即能得觀空之慧，妄念不再，而得解脫。

第十 慧心

若佛子，作慧見心❶，觀諸邪見、結、患❷等縛，無決定❸體性，順忍❹空同故。非陰、非界、非入、非眾生、非一我、非因果、非三世法。慧性起光光，一燄明明❺，見虛無受。其慧方便，生長養心。是心入❻起空空道，發無上心。

上〈千海眼王品〉，已說心百法明門。

【注釋】❶若佛子二句 《大正藏》本此處為「若佛子，慧心者，作慧見心。」❷結患 結，即結集；繫縛，實為煩惱。因為煩惱結集生死，繫縛眾生而不得解脫，故謂之結。不同的經典對其分類有二結、三結、四結、五結、九結之說。患，意即隨眠，煩惱異名。因煩惱使我心智昏暗不明，故曰隨眠。它們都為眾生在生死海中沉浮之本因。❸決定 即恆久不變。❹順忍 即境能順智。所觀之理謂之境，能觀之心謂之智。其意是說，心智不為外界所轉，堅信空智無違。❺一燄明明 即佛慧有多種功用，能知陰界入等諸法體性。燄即智慧，明明即智慧的多種作用。❻入 金陵刻經處本作「人」，今依《大正藏》本改。

【語譯】佛弟子，因生佛慧而得見心之性，就能體悟諸邪見、煩惱之繫縛的本質，也能了知諸法生死流轉，其性不一不住，無有定相，因此就能在諸法變遷中不逆佛智，知曉五陰、十八界、十二入等實非五陰、十八界、十二入；眾生、一我、因果、三世法也非眾生、一我、因果。這樣就能以般若之慧觀照大千世界，了悟諸法實相，因為佛慧功德無量。所以不為法執，也不為空執。以此善巧之慧，方識盡萬法，故能以生長養心，增長善根。其心也就能入於空理，至於聖道，而得發無上慧心。

以上在大本《梵網經》中的〈千海眼王品〉中有詳說此十心一百零八種智慧門。

【說　明】觀空解縛，假以慧成。慧性起光光，即能識達諸法之性，長養佛性種子，早成佛道。上述二心說明了以定發慧、以慧觀空之作用和功能，相當於止觀。十長養心是說以此為修，菩薩可以長養聖胎，增長善根。

十金剛心

盧舍那佛言：「千佛諦聽。汝先言金剛種子，有十心❶。」

【注釋】❶千佛諦聽三句　《大正藏》本為「千佛汝先言，金剛種子有十心。」

【語譯】盧舍那佛說：「千佛請聽，下面就說你們剛才所問的金剛種子心，它有十種心。」

【說明】本處說十心，是言說達到一定階位後的菩薩發對「心」的保養與呵護。

第一　信心

若佛子，信❶者，一切行以信為首，眾德根本。不起外道邪見心，諸見名著，結有造業，必不受。入空無為法中，三相❷無無❸，無生無生❹、無住住、無滅滅、無有一切法空。世諦，第一義諦智，盡滅異空色空❺，細心心空❻。細心心心空故，信信❼寂滅，無體性，相合亦無依❽。然主者，我、人、名用。三界假我我❾，無得集相❿故，名無相信⓫。

【注　釋】❶信　對知聞求解的聖道不起疑心，即信三寶四諦而不移，是一種清淨心。信心乃入道之基石，所以「信根」與精進根、念根、定根、慧根合稱五根，並為五根之首。根者，乃因其能生一切善法，故名之。《大正藏》本此處為「信心者……」。❷三相　佛教經論中所說的「三相」有不同的涵義。因為諸法皆空，假名之為實，故其有「假名相」；假名之相，所成、所示不離五陰、十二處等相，其為「法相」；假名之相與法相，其都不能言盡實體之本離，其體之實相，即為「無相之相」。再如，即是有為之法的三有為相，如生相、住異相和滅相。此處所說，即是要佛子了知諸法實相和萬法之生住滅之相，以斷其妄執於相。❸無無　諸法有生住滅相，其各有能相和所相，能所之相均為雙空，故曰「無無」。❹無生　又稱無起。因為諸法實相為空，所以萬法存在也無實體。無實體則無生，無生則無住，無住也則無滅。❺盡滅異空色空　即以中道智慧滅盡一切關於空的異見和俗見。由於不解空的實質，凡夫對「空」仍執有區別、差異，即異空。色空，即執色為空、而沒有理解其空性也為空。❻細心心空　細心，即細微的意識。因三世心空，故言細心心空。細心被認為是輪迴的主體。❼信信　即世俗信和勝義信。❽無依　因為二諦也屬寂滅，也無體性和合，眾緣也無其定性，因此所屬緣亦空，故言亦無依。緣空故，無其主體，當是無依。❾三界假我我　大千世界，人法都假我為緣而存。❿無得集相　實我、假我本實無可得，本屬假相而成。⓫無相信　無真實可信之相。

【語　譯】佛弟子，要對佛法聖諦深信不移，因為成道的一切努力都以信心為首為基，信也是眾德根本。以之為本，則能不起外道邪見心，不起諸愚執貪著，不受一切煩惱惡業。並因之而能識空智、入無為法中。如是，則知諸法生住滅之能所之相，均為空相；知曉萬法本因無生、無住，也無滅、無有，故而其相也空；諸法本無實性，因此一切空，一切法空也為空。這樣，世諦得以斷除，第一義諦智得生。達於此智，也即能體悟到二智相泯，不一不異之理。自無始以來的細意識也屬空，由於這種有著輪迴主體性的細意識的空性，世俗信和勝義信也就了無體性，同入中道寂滅之理。所體，即是我、人和名用。三界諸法都假我以緣而存在，我與假我本都為一假相集成，無真實可信之相。

【說　明】一切梵行均以信心為初，信是建立在正知正念基礎上的，如此之信才為正信。有正信之行才為正行，有正行才會有正果。故信為十金剛之第一位。

第二　念心

若佛子❶，作念❷六念❸，常覺❹乃至常施❺，第一義諦❻。空、無著、無解、生、住、滅相，不動、不到、去來。而於諸業受者❼，一合相❽，迴向入法界智❾。慧慧相乘❿，乘乘寂滅⓫，燄燄無常⓬，光光無無⓭，生生不起⓮，轉易空道⓯。變前轉後，變轉化化，化轉轉變，同時同住⓰。燄燄一相⓱，生滅一時⓲。已變、未變、變，變化⓳，亦得一受，亦如是。

【注　釋】❶若佛子　《大正藏》本此處為「若佛子，念心者……」。❷念　佛教經典中所說的「念」有多種意義，此處即是對佛、菩薩形象的觀想，對佛法義諦口念、心念。所謂口念，即以口稱佛名號；心念，即以心想念佛菩薩等。❸六念　即念佛、念法、念僧、念戒、念施、念天，或稱為六隨念或六念處。念佛，即憶念佛所具足的十號；念法，指憶念聖法本如來之功德，要以之施向眾生；念僧，僧為如來弟子，得無漏法，具戒定慧，為眾生福田；念戒，持戒能斷惡見煩惱，要精進護持；念施，施有大功德，能除慳嫉，要有布施之心；念天，想到往昔諸佛菩薩因持戒布施而得善根果報，生六欲天、無色界等諸天，而生精進戒心。六念為修行法門。❹常覺　即念佛。覺者，即佛，此處也包括法、僧二寶。❺常施　即常念布施。施，即布施。❻第一義諦　依大賢之說此處指天，念第一義諦者，也即是念天，因為佛之涅槃果為第一義果。❼諸業受者　即受諸業者，意為通過六念而能得業果報者，即六念者。❽一合相　大千世界，本為無量微塵因緣所集，本無實性，其本一相，也即是空相。❾法界智　即法界體性智。諸法所聚處，是為法界，即諸世界。法界體性智是盧舍那佛所具智慧。以此智慧斷別無量世界之法相。本經為盧舍那佛所說，故言以六念之功德而迴向歸於法界智。❿慧慧相乘　此句意思是，因為不斷地深心念想，智慧得長，達於法界智。⓫乘乘寂滅　對諸法不斷地作空想，即能永遠地離一切相。⓬餤餤無常　此處「餤」指智慧，意為不斷地通過念心以泯諸相。⓭光光無無　智慧如日能除黑暗，故名光，慧慧相生是名光光。以慧能滅諸法差別相，故名無無。⓮生生不起　有了如此法界智之功力，即能知道法界本為空相遷化，從而不會再起妄心、墮無明而執於有相。⓯轉易空道　此句意為，達於法界性者即能改變先前愚癡、妄執而進於勝義諦，不斷增長善根功德。轉、易，均變換意。⓰變前轉後四句　《大正藏》本為「變前轉後，變變轉化，化化轉轉，變同時同住」。變前轉後，前有妄念、愚執，後為知曉正諦，故言變前轉後。變轉化化、化轉轉變兩句意也相似。這種轉變是同時而成，故言同時同住。⓱餤餤一相　此處「餤餤」指燭與光，體相為一。諸念雖有不同，但其相為一，也即是無相。⓲生滅一時　妄滅智生同時發生。⓳變化　已變、未變、正在變，三世同時，總稱變化。

【語　譯】佛弟子，應當常以念佛、念法、念僧、念戒、念施、念天六念法門增長善根，以增果報。因六念而知諸境皆空，無生住滅相，無來去住相，也無過去現世將來之三相，從而才能無執無著。通過六念而得諸善業果報，即能發現諸法界之無差別之空相，從而能獲得屬於盧舍那佛所具的法界智，能斷別諸法不同不異之本性。由於不懈地觀心念想，智慧得長，而成就法界智，從而能夠見諸法之空相，遠離一切實相之執。並通過持續的念心泯滅諸相，以盧舍那佛之慧而得滅諸差別相。愚執得滅，則妄心不再生起，從而捨執妄，達於勝義諦。前劣得捨後勝得成。可是，這種轉變是同時發生的。諸念雖有不同，但其相為一，也即是無相。而且，妄滅智生乃同時為之。即使是已變、未變和正在變化者都是這樣。對這種現象的認識也是如此。

【說明】修行之法，以信為始，以念為路。通過六念法使心趨於澄明，使智得以開啟，從而得以除妄斷執，成就法界智而得無上勝義。

第三　迴向心

若佛子，深心❶者，第一義空。于實法空智，照有實諦❷。業道相續，因緣中道❸，名為實諦。假名諸法，我、人、主者，名為世諦❹。於此二有諦，深深入空而無去來，幻化❺受果而無受，故深深心解脫。

【注釋】❶深心　即迴向心，指趨於佛果的殷切之心。太賢說因其「期遠深」，故稱深心。深心有多義。求法之心深重、殷切，云深心；具有追求高深佛果之心，云深心；厚植佛種、功德難拔，云深心。《大正藏》本此句為「若佛子，迴向心者，第一義空。」❷實諦　即真諦，真如之理。❸中道　大千世界，俗智觀其為有，空智觀其為空，若以佛智以因緣之理視之，則為圓成實性，妙有也。此為中道之智。❹世諦　即俗諦，真諦之對稱。指世間之理，世俗人所認同之理。❺幻化　因為諸法皆由因緣和合而生，實則自空性，故是為假有，正如幻化相。

【語譯】佛弟子，以其殷切之心，求高深佛果，深達第一義諦之空理。憑其解空之智觀照諸法，而得關於諸法本性的真如之理。並以之空慧、業業相續，最終達於中道實相之理。〔諸法本為真空〕，但假其名為我、人、主等實有，是名為世俗常見。了知關於諸法的二諦之理，就能深解空義，知道〔諸法無生無滅〕、無去無來，一切皆為幻化之相，雖然因之得到果報，但自己知道實為無受，所以深心得到解脫。

【說明】開聖智、得真諦即能了悟俗諦、深解空義，才能徹底遠離世俗妄見而不再墮入其中。

第四　達心

若佛子，達照❶者，忍順一切實性❷。性性❸無縛、無解、無礙，法達、義達、辭達、教化達。三世因果、眾生根行，如如不合不散，無實用、無用、無名用，用用一切空❹。空空❺照達空，名為通達一切法空。空空如如，相不可得。

【注釋】❶達照　即達照智，觀照諸法、達空之智。《大正藏》本此處為「若佛子，達照心者……」。❷忍順

一切實性　觀其真俗之性顛倒。❸性性　指俗性和真性。❹用用一切空　即實用、無用、無名用，三用全無，故云「用用一切空」。❺空空　諸法體空、用空，故言空空。

【語　譯】佛弟子，若修有觀空達性之智者，則能識其真俗之性而不產生顛倒妄見。如此，即不會執於諸法真性俗性之差別相而被繫縛，真性也為能解。就能深究聖法、解其真義、弘法無礙、教化眾生，達悟三世因果、厚植眾生根行。悉知諸法不合不散、不增不減，體性為空。由於諸法體性為空，則無實法用、無假法用、無假名用，因此三用全為空。以其體空、用空之性觀照於性空法，這即是為通達一切法空。諸法了解諸法性相皆空、真俗如如不二，即可知道，其相實不可得。

【說　明】中道之境，知法為空，但又不能執於其空，要在空中見有，有中識空。這樣才能洞察空的性相體用之本義。

第五　直心

若佛子，直者❶，直照❷。取緣❸、神我入無生智❹，無明神我❺，空空中空。空空理心❻，在有在無❼，而不壞道種子❽。無漏中道❾一觀，而教化一切十方眾生，轉一切眾生，皆薩婆若❿。空直直性⓫，直行於空，三界生者結縛而不受。

【注　釋】❶直者　《大正藏》本此為「直心者」。指正直而無諂曲之誠實心。此心乃是萬行之本，故《維摩經》有「直心是菩薩淨土」。《楞嚴經》卷一有「十方如來同一道故，出離生死，皆以直心。」❷直照　以直心觀照諸法。❸取緣　即無明。意為一種愚癡蒙時的心理、精神狀態。❹無生智　無生，不生不滅之意。認識無生之智，為無生智。❺無明神我　指由於無始之愚障而形成，如外道所執之實我的邪見。神我，外道所執之邪見，認為「我」和我的精神本體，本是實在，玄妙難思。❻空空理心　我空，我之精神本體也空，故為空空。識達二空道理的心為空空理心。二空，諸經有不同的分類，此處指我空、法空，以及性空、相空。❼在有在無　從二空理之生心，在「無我」則有，在「實我」則無。曰其無，但其又屬有；說其有，其實又為無。❽道種子　即成就佛道之種子，也即是中道空理。❾中道　或稱為八不中道。即龍樹所說的「不生亦不滅，不常亦不斷，不一亦不異，不來亦不出。能說是因緣，善滅諸戲論；我稽首禮佛，諸說中第一。」其意即是能不偏空有、不執來去、不執生滅、不執同異，從中能看到非空非有，亦空亦有，不落二邊之理，圓融無礙，此之謂中道。❿薩婆若　梵語的音譯，又譯為薩雲若等，即一切種智，是諸佛究竟圓滿果位的大智慧，能了達一切法相體性。⓫直直性　識二空之正性稱為直直性。《大正藏》本此句為「皆入薩婆若空直直性」。

【語　譯】佛弟子，要以其正直無曲之誠實心，觀照諸法，就能發現我、法二空，並從此入於無生之理，達於無生之智。對於因無明之障力所成的執神我為實在的邪念也得斷除，懂得神我之本性為空。能具有識達二空之心，儘管此心在有實無、性無還有，但只要是不著於其有無之性，就不會損害其佛種性。以此能斷除煩惱無明的中道之理，通過教化一切十方眾生，使一切眾生皆具識達實相的一切種智。識達法我二空、性相二空。並以此直心行照於空理，從而使得三界生命，不得繫縛。

【說明】說明有無之真如性，培養佛子成就能從有識無、從無悟有的智慧。

第六　不退心❶

若佛子，不退心者，不入一切凡夫❷地，不起新❸，長養諸見，亦復不起集因相似我人❹。入❺三界業亦行空，而不住退。解脫於第一中道，一合❻行故，不行退；本際無二❼故，而不念退。空生觀智❽，如如相續，乘乘❾心入不二，常空生心一道一淨，為不退一道一照❿。

【注釋】❶不退心　唯進無退名不退心。❷凡夫　意譯為異生。佛教所說的凡夫是從修行階位而言的，凡夫未見四諦而執凡庸淺識之理。凡夫有二種，習種性（菩薩從初發心始，因聽聞佛法、修習眾善所得之性也。）以前名外凡夫，地前三十心名內凡夫。前即謂不退心即是不退入於外凡之境。❸不起新　《大正藏》本為「不起雜」。由於已經徹底制伏了對「有無」刻意分別之凡夫行為，不再有執和無明困擾，邪念不再起。❹集因相似我人　本句意思是，由於不再有分別執，就不會再入因果輪迴，或者又退回到地前菩薩的階地中去，或重生我人二執等妄見。集因，《大正藏》本作「習因」。習因，習果之對稱。六因之一，與習果一樣，習因通於一切色法、心法，和善惡無記三性。相似，意思是二乘及地前菩薩捨我所執粗分別相後，與初地見道以上之隨分覺近似，又稱為相似覺。我人，指我、人二執，乃凡夫妄見。❺入　金陵刻經處本此為「入」，今據《大正藏》本改為「入」。❻一合　指境智合一，以智化境，故永得解脫。❼本際無二　意思是說認識本際智與本際不分不離，所以才能不墮前地、念不退轉。本際，意即為理之體，如真如、涅槃等。此處指本際智，即能認識本際之智。

❽空生觀智　意為因證得空智而生解理，了達佛意。❾乘乘　即指諸種法門。乘，本為乘載，此處指教法、法門。乘乘不二，意為諸種法門，旨趣功德相同。❿一道一照　一道指中道實相之理，一照指以中道之理觀照諸法。

【語　譯】佛弟子，所謂不退心，其意是說，「一旦入薩婆若智、通曉諸法四諦，」就能不會再退入一切凡夫之地。由於斷除了分別惑，不再有執和無明困擾，邪念不再起，就能長養諸聖見、正念，不再起新的邪見，亦不會再受輪迴之法，或退回到地前菩薩的階位中去。即使入三界業中流轉，其亦行空位而不退，因為已經領悟第一中道而得解脫，而且因為境智不離，故行也不退轉，由於本際智境合一，以智觀境，就能正念不退。證得空智而生正念解理，了達佛意，如是相續不輟，而獲諸種法門功德如佛一般。成於此不退心，即能恆於一乘純淨之心，「不會從此中道空觀再次退入愚癡無明的大海中」，恆以中道之理觀照諸法。

【說　明】進入通達佛智、了悟中道之境界，就不會再退入凡夫之地，而能步入解脫。

第七　大乘心

若佛子，獨大乘心者，解解一空❶故，一切行心名一乘❷。乘一空智，智乘行乘❸。乘智❹心心❺，任載任用❻。任載，任一切眾生，度三界河、結縛河、生滅河❼。行者，坐乘。任用，載用智乘，趣入佛海故。

一切眾生，未得空智任用，不名為大乘，但名乘，得度苦海。

【注釋】❶解解一空　依能解二空之理而證得一真法界。❷一切行心名一乘　一切行細分無量，但不出三乘之行。如能證得聖智，三乘行皆歸一乘，即菩薩乘。❸智乘行乘　菩薩乘者以一空智修福修智，名智乘行乘。❹乘智　乘者所修福智，智者能修空智。❺心心　即念念相續。❻任載任用　任載意指行者，任用意為自利。任載行者即任度眾生。❼度三界河結縛河生滅河　度三界河，意為度苦；度結縛河，意為度惑；度生滅河，意為度業。

【語譯】佛弟子，獨具大乘心者，能依其觀二空之理證得一真法界，如此三乘諸行心都歸於菩薩一乘。以空智為乘，得福得智。並以此乘智福報，念念不忘，自度度他、無礙度一切眾生。使眾生苦海得度、繫縛得解、惡業得消。因此，修菩薩乘者，即是以智為乘。以此智乘度眾生共入佛之智慧海、福報海，此為「任用」。所以，一切眾生，若不以空智自度度人，則不能名為大乘。如此，只能是小乘，得度苦海，但不消纏縛、惡報業。

【說明】佛法度人，更重自度。自度以智，才為究竟度。這正是大乘佛教以智為筏之本旨所在。

第八　無相心❶

若佛子，無相心者，妄想❷解脫，照般若波羅蜜無二❸。一切結業❹、三世法，如如一諦，而行於無生空❺。自知得成佛，一切佛是我等師，一切賢聖是我同學。皆同無生空故，名無相心。

【注　釋】❶無相心　相，即「形相」或「狀態」之意，乃相對於性質、本體而言之。從佛教義理而言，萬法實乃因緣和合而成，緣散即滅。故而其假名為實，性體為空。如若認識到此諸法性體本空、假名為實，即為無相。也即是無相之相，才為實相。有此認識，即為「無相心」。❷妄想　以虛妄顛倒之心分別、妄執諸法之相狀，或稱為妄想分別。佛教認為一切世間凡人邪見，皆因妄想而生。所以《觀普賢菩薩行法經》說：「一切業障海，皆從妄想生，若欲懺悔者，端坐念實相。」❸無二　沒有差別。❹結業　結，意為煩惱。因結煩惱而被繫羈，由此而得「結」果，故難以離卻生死苦海。但如若有無相心者，視妄想、解脫之真相，達於了悟無上聖智，即可遠離一切結業。❺無生空　此處指認識不生不滅之理的聖智。無生，即不生不滅。

【語　譯】佛弟子，若能以無相心觀照一切，就能斷除了凡夫般的對諸法的虛妄顛倒之分別心，達到解脫。以其般若聖智發現、體悟諸法原本就沒有差別，從而不再執於其差別之相。因此可遠離一切結業、也就能知道過去、現在和將來諸法體性一如、完全沒有差別，以無生空智洞悉諸法不生不滅，以助修行。有此達空聖智，即與佛平等，必得成佛，則三世一切諸佛都是我師，一切賢聖都是我同學，我與他們同學此大乘解空妙理。我能與眾生同成般若實相之心，故名此為無相心。

【說　明】諸法為空，不是因為執其為空而才為無空，而是當體即空，是自性空。故其雖有相，而非「真相」。由於諸法皆空，所以只有不執其差別相，才能真正了知解空之智。

第九　慧心

若佛子，如如慧❶者，無量法界，無集❷無受生❸，生生煩惱而不縛❹。一切法門、一切賢所行道、一切聖所觀法，所有亦如是。一切佛教化方便法，我皆集在心中，外道一切論，邪定功用，幻化、魔說、佛說，皆分別❺。入二諦處，非一非二❻，非有陰界❼入❽，是慧光明。光明照性，入一切法。

【注釋】❶如如慧　即是真如慧，是指能認識諸法本性之慧，或者說，一種能體認諸法實相為空之無上聖智。如如，即真如，本意為萬物之所具的真實不變的本性，這種本性不因物之不同而異，簡言之，也即是萬物之三性之空性。《大正藏》本此處為「如如慧心者」。❷集　為原始佛教基本教義苦、集、滅、道四諦之一。所謂集，即集合、引起聚集之意；更具體地說，即是說宇宙萬物和現象都是假因緣而成，生死之苦也是因為心與結業相應之故，即是對這種因果鏈的表述。❸受生　凡夫所結的眾多煩惱之一種。❹生生煩惱而不縛　本句意思是說，有了此佛智，了悟諸法實相，則脫離了生死輪迴，不再有繫縛。生生，即指生命的因果輪迴無盡。《楞嚴經》卷三曰：「生死，死生，生生死死如旋火輪，未有休息。」❺分別　此處指慧心所作的推理、判斷作用。❻入二諦處二句　諦有真俗二諦，若以聖智觀照，既不為一，也不為異。❼陰界　陰，即蘊，五蘊（色、受、想、行、識）。界，指十八界（六根、六境、六識）。❽入　入有多義，如證悟真如佛性，即稱為入。此處為心或心作用的根據、端緒或緣由之意。如《維摩經》卷上有「是身如毒蛇、如怨賊、如空聚，陰界諸入所共合成。」

【語　譯】佛弟子，如果具此真如之慧，則在無量法界之中，不會再有煩惱苦厄之結縛，永脫輪迴之苦海，不再為其所縛。〔如若具此慧心〕，則能不為一切法門所拘，不受賢聖之行所縛，不為諸賢聖所證之理所局。如此，一切諸佛教化眾生之方便法門，我皆集於心中，摒棄外道一切戲論邪定功用，識達佛說真諦，不為幻化、魔說所動。有此識空智慧，即能於二諦中見一諦，知其非一非二之性。明白陰界入的似有非無體性。此種福報正是慧光明所照而成。藉此光明照性，得悟一切法的本性而證悟真如。

【說　明】繼續強調解空之慧的重要性。只有達聖智才能從俗諦中見真諦，從二諦中見一諦。

第十　不壞心

若佛子，不壞❶心者，入聖地智，近解脫位；得道正門，明菩提心❷。伏忍順空❸，八魔❹不壞。眾聖摩頂❺，諸佛勸發，入摩頂三昧。放身光，光照十方佛土。入佛威❻神，出沒自在❼。動大千界，與平等地心❽，無二無別，而非中觀知道❾。以三昧力故，光中見佛，無量國土，現為說法。爾時即得頂三昧❿，證虛空平等地。總持法門⓫，聖行滿足，心心⓬

行空。空空慧中道⑬，無相照⑭故，一切相滅⑮，得金剛三昧門⑯，入一切行門⑰，入虛空平等地。

如《佛華經》中廣說。

【注釋】❶不壞　即不能為壞。❷明菩提心　使自己心中的菩提智得以發明光亮。明，發明；廣大。❸伏忍順空　伏，即隱伏。忍，即安忍。意為心安於正理而不動搖。伏忍為乃五忍（伏忍、信忍、順忍、無生忍、寂滅忍）之第一。因為地前菩薩未得無漏智，不能證果，但可通過修習空智觀解，制伏煩惱。《大乘義章》卷一二說：「言伏忍者，就能為名，始習觀解能伏煩惱，故名伏忍。」順空，即順應空理正道。❹八魔　即苦、空、無常、無我、生、老、病、死之八種障道之邪見、邪業。因能障礙修道，故喻之為魔。❺摩頂　意為諸佛為咐囑聖法於弟子，而以手摩弟子頂，也或為其將要成佛之授記而摩頂。頂，頭頂。❻威　《大正藏》本作「儀」。❼自在　諸佛及上位菩薩所具之功德，其內涵及分法有不同說法。其基本意為證得佛果後可以無礙、縱任，隨心所欲，因此，佛亦稱為自在人。❽平等地心　此處意思是說，因為眾賢摩頂加被，佛子仿佛已經具備了與佛一般平等無二的不壞心。❾中觀知道　即中觀智道，以中道觀所得智慧之理。❿頂三昧　百八三昧之一，位於此三昧，則能一一遍見諸三昧。如登高山頂，悉見眾物一般。⓫總持法門　總持法門以念定慧為體，為菩薩所修之念定慧的功德。總持，即謂持善不失、持惡不生、戒無所犯。⓬心心　指上文所言的十發趣、十長養、十金剛三十心。⓭空空慧中道　第一個「空」意為中忍，順能取空；第二個「空」為上忍，印證能空。忍法位有上中下三品，忍法係頂善根成滿時所生之善根，於此位能忍而不退墮惡趣，由下忍所修之十六行相與所緣漸略漸減，乃至僅存二念之作意。思惟欲界苦諦之境，稱為中忍位。⓮無相照　因為能印證諸法為空，更無餘相可照，故言無相照。⑮一切相滅　此處指人相、法相，實相、假相均滅。⑯金剛三昧門　此三昧門為菩薩所得三昧，是菩薩進入佛所具無量三昧之路由。因為佛法廣大，三昧無量無數，菩薩無法盡得，也許會萌生退意。但入此無間定門卻永不退還，此門即為金剛三昧門。⑰一切行門　由此三昧門入於聖，在一身中修一切行，故言入一切行門，即入初地虛空平等地也。

【語　譯】佛弟子，以此不壞心者，能得聖地菩薩的智慧，即接近於終極解脫之境了。更能以此正道法門發明光大自己的菩提心，做到心安於正理，順應解空之智而不為邪見所動，則其正念、正心就為八魔所不能壞。藉此所修善業，而能得諸佛以手摩頂、付法授記、勸勉鼓勵，因之而得三昧業力。從之能身放聖光，光照十方佛土，得佛威儀神力，出沒法界，得享大自在。也能憑佛神力而震動大千世界，仿佛具備了與佛相似的不壞心，而非僅局於中觀智道。並因其所得三昧之力，在慧光中得見諸佛無量國土，能現身為無量眾生說法。爾時即得頂三昧，如登高望遠般而見諸三昧、證得此虛空平等地。因修念定之果報，而使自己持善不失，抑惡不生，具足佛地聖者之行，十發趣心、十長養心和十金剛心都能依解空之智而行，慧光普照，印證諸法皆空，更無他相。故而一切無明得滅，得金剛三昧門，並藉此三昧以入佛所，於一身中修一切行，進入虛空平等地。

這在《佛華經》中已有詳說。

【說　明】金剛是喻，達於此心者，乃為「近解脫門」，但還沒有成為佛。只有通過修習上述三十心，菩薩則達佛智、化眾生，佛性得長，聖胎既成。如此，則其心才會堅固不動，永不退轉，猶如金剛無比，從此能入堅勝忍中，進入佛所。

十地

盧舍那佛言：「千佛諦聽。汝先問，地者有何義❶？」

【注釋】❶地者有何義　佛陀演法，善用比喻，以使凡夫領悟、智者易達。以「地」喻性喻心，即是如此。《大正藏》本為「千佛汝先問，十地者有何義？」

【語譯】盧舍那佛言：「千佛請仔細聽。你們剛才發問，地為何義？〔下面我就進行解說。〕」

第一　體性平等地

若佛子，菩提薩埵❶，入平等慧體性地❷。真實法化一切行❸，華光滿足❹，四天果樂❺。乘用任化❻，無方理化❼。神通❽、十力❾、十號❿、十八不共法⓫。住佛淨土，無量大願，辯才無畏。一切論⓬、一切行，我皆得入。生出佛家，坐佛性地。一切障礙、凡夫、因果，畢竟不受，大樂歡喜。從一佛土，入無量佛土；從一劫，入無量劫⓭。不可說法為可說法，反照見一切法⑭，逆順見一切法⑮。常入二諦，而在第一義中。以一智⑯知十地次第，一一事示眾生。而常心心中道，以一智，知一切佛土殊品、及佛所說法，而身心不變⑰；以一智，知十二因緣、十惡種性，而常住善道；以一切智⑱，見有無二相；以一智，知入十禪支行、三十七道⑲，而現一切色身六道；以一切智，知十方色色⑳，分分了起㉑，入受色報㉒，而心心無縛，光光照一切。

是故無生信忍空慧，常現在前。從一地、二地，乃至佛界。其中間一切法門一時而行故。略出平等地功德，海藏行願，如海一滴、毛頭許事。

【注釋】❶菩提薩埵　梵語的音譯，其意即菩薩。❷平等慧體性地　平等，意為無高下、淺深、別圓、權實等區別，指一切現象在共性、空性、唯識性或真如性上沒有差別。平等慧，即能證空之智。體性，即平等慧之所證真性。此處指菩薩已經有了與佛平等的智慧。❸真實法化一切行　真實法化，即「真實法」和「真實化」之合稱。真實法，為內證門，即由自己內心證得體悟之真諦；真實法化，為外化門，接受教化而得開智的法門。具此二利者則言一切行。❹華光滿足　華，由其真無漏行正感佛果。光，因感佛果得佛智，闇愚得斷。遍證法界之理相意為滿足。❺四天果樂　即須彌山四方的四大洲：東為弗于逮，南為閻浮提，西是瞿耶尼，北乃鬱單越。此處以四大洲比喻所得果報之無法計量言說。❻乘用任化　即不是直以諸法體性教化眾生，為世俗門化。❼無方理化　意為如來化眾，隨機教化，不拘泥特定方法，使其直入佛道，為勝義門化。無方，即無固定的方法。❽神通　神不可測、通達無礙之功德。一般指修禪定而得的無礙自在、超人間的、不可思議之功力。其內容有多種說法和分類，如五神通（神足通、天眼通、天耳通、他心通、宿命通）等。佛、阿羅漢所具的神通為宿命通、天眼通、漏盡通為最殊勝，又被稱為三明。❾十力　此處指如來所具有的十種殊勝智力：知覺處非處智力、知三世業報智力、知諸禪解脫三昧智力、知諸根勝劣智力、知種種解智力、知種種界智力、知一切至所道智力、知天眼無礙智力、知宿命無漏智力、知永斷習氣智力。❿十號　佛的尊號，有十種或為十一種：(1)如來，意為乘如實之道來成正覺；(2)應供，即應天人之供養；(3)正遍知，佛能真正遍知一切法；(4)明行足，三明（宿命明、天眼明、漏盡明）和五行（聖行、梵行、天行、嬰兒行、病行）具足；(5)善逝，以一切智為乘，行八正道而自在入涅槃；(6)世間解，通解一切世間的事理；(7)無上士，一切眾生中佛功德、果報至上；(8)調御丈夫，以種種種方便言行能調御眾生入佛道；(9)天人師，佛是一切天人達聖道開聖智的導師；(10)佛世尊，佛為一切世人所共同尊重的人；(11)佛，即能自覺、覺他、覺行圓滿。⓫十八不共法　法即功德相，簡言之，也即是能力和功德。依經典所言，諸佛和菩薩都具有十八種不同於聲聞、緣覺者的能力。其十八種的說法有多種。參見前面相關之處。⓬一切論　太賢說，一切論是指五明，即古印度的五種學問：(1)聲明，研究語言和文典之學問；(2)工巧明，有關工藝、技術、算曆的學問；(3)醫方明，關於醫藥、咒法的學問；(4)因明，關於邏輯和論理的學問；(5)內明，關於宗教或佛教自己的學問。菩薩對此五明之作即為一切論。⓭從一劫二句　能一念攝三際，或舒長一劫為多劫，故如此說。⓮反照見一切法　《大正藏》本此句「反」為「及」，《梵網經古迹記》此處為「反」。太賢說：「攝法歸智，名反照見一切法。」意思是說，能在一切法中發現中道之性。⓯逆順見一切法　即在各種現象中逆順自在、見一切法之實相，破邪順正，得自在之禪定。⓰一智　此處指一切種智。因為三世一切諸佛，同一法身，同一心，同一智慧，即一切種智也。一切種智與一切智、道種智合稱三智。一切智是聲聞緣覺知一切法總相（空相）的智；道種智是菩薩知一切法差別相的智；一切種智是佛通達諸法總相、別相，化道斷惑的智，合一切智及道種智二者功力，故名一切種智。下文所說的一切智均指此意。⓱身心不變　指如來教法，唯一無二，身心一味，故曰身心不變。⓲一切智　《大正藏》本此處為「一智」。下一「一切智」同此。⓳三十七道　即三十七道品，是修行者追求智慧、達於解脫的三十七種方法。內容有四念處、四正勤、四神足、五根、五力、七覺分、八正道。⓴十方色色　十方之諸色，故曰色色。㉑分分了起　意為諸個了解色之集聚。分分，即諸個。了，即了知、通曉。起，指色之起聚。㉒入受色報　趣入領受有色報故，即不生無色也。

【語　譯】佛弟子，此時成了菩薩，有了能夠證空的、與佛一般的智慧。既能夠通過自己內心體證，又能夠通過接受諸佛之教誨開啟佛智而成於一切行。由其真無漏行而感得佛果，破除愚癡無明，而遍證法界之理。感得無以計量的功德果報。對眾生也有了無量的教化方法，隨機而為、任用無礙，能具諸佛神通、十力甚至十號，也具有佛所具有的十八種不同於聲聞、緣覺者的能力。能得永住佛國佛淨土，得實現無量大願，能以無礙辯才，方便化導一切眾生。辯才無畏，一切世俗學問皆能識達通曉。即成佛子，出入佛家，升達佛國勝地。從此，一切障礙不受、凡夫妄念不再，並超越因果輪迴，得大安樂大歡喜。能從一佛國，入無量佛國；從一劫，入無量劫。〔因為已經內證甚深法性，〕不可說法也成為可說法。以此智性能照見一切法，在諸法中順逆自在、破邪顯正。因為內證澄明，故能常入二諦而不執，能歸向勝義諦之中。以己所具的一切種智慧知十地次第法門，並能將一一事示現於眾生。而心中常住中道之理，以佛所有的一切種智，知曉一切佛土殊勝功德、通曉諸佛所說法門，與佛法一味無異。能以所得的一切種智，達知十二因緣、知道殺生、偷盜、邪淫、妄語、惡口、兩舌、綺語、貪欲、瞋恚、邪見之十惡種性之所然者，所以能夠常住善道而不退轉。能以其修得的一切種智，見有無二相之中道空性。以一切種智知曉通達十禪支、三十七道品。以一切種智慧現一切色身於六道而任運自在。能以一切種智，了知十方一切諸色及其集聚，入受心報而心心無縛。雖住靜慮生於欲界，但因慧光恆照，無生理中信忍空慧常現前也，故而心心無縛也。

因此，諸無生信忍空慧之理，常現在眼前。能在一地、二地，乃至佛界化被眾生。其中諸佛之一切法門都能得到任運而行。平等地功德其量如海，此處僅略說滄海一滴。

【說　明】值得注意，從本「十地」開始，即對佛子以「菩提薩埵」相稱，顯然，通過上述「十心」，佛子即已經成就「不壞心」而為菩薩。到了這一地，凡夫就不再為因果所羈。故而言其凡夫因果「畢竟不受」。

第二　體性善慧地❶

若佛子，菩提薩埵，善慧體性地。清淨明達一切善根，所謂慈、悲、喜、捨、慧，一切功德本。

從觀❷入大空慧，方便道智❸中，見諸眾生，無非苦諦，皆有識心❹，三惡道、刀、杖，一切苦惱，緣中生識，名為苦諦❺。

三苦相者，如者❻，如身初覺❼，從刀杖、身、色陰，二緣❽中生覺，為行苦緣。次意地覺，緣身覺所緣，及刀杖，得身瘡❾腫等法故，覺苦苦緣，重故苦苦。次受行覺，二心❿，緣向身色陰，壞瘡中，生苦覺故，名為壞苦緣。是以三覺次第生三心故，為苦苦苦。

一切有心眾生，見是三苦，起無量苦惱因緣故，我於是中，入教化道三昧。現一切色身，於六道中，十種辯才⓫，說諸法門。謂苦識、苦緣⓬、刀杖緣具，苦識行身瘡腫發壞，內外觸中或具不具⓭。具二緣中生識，識作、識受，觸識，名為苦識。行二緣故心心緣色，心觸觸惱、受煩毒時，為苦苦。心緣識，初在根覺緣，名為苦覺。心作、心受、觸識、覺觸，未受煩毒時，是名行苦。逼迮⓮生覺、如斲石火，於身心念念生滅，身散壞轉變化，識入壞緣緣集散，心苦心惱，受念後緣染著，心心不捨，是為壞苦⓯。三界一切苦諦。

復觀無明⑯集無量心，作一切業，相續相連，集因。集因，名為集諦⑰。

正見解脫，空空智道心心，名以智道道諦⑱。

盡有果報、盡有因，清淨一照體性，妙智寂滅一諦⑲。

慧品具足名根。一切慧性起空入觀⑳，是初善根。

第二觀，捨一切貪著。行一切平等空，捨無緣而觀諸法空際一相。我觀一切十方地土，皆吾昔身所用故土；四大海㉑水，是吾故水；一切劫火，是吾昔身故所用火；一切風輪㉒，是我故所用氣。我今入此地中，法身滿足，捨吾故身。畢竟不受四大分段不淨故身，是為捨品具足。

第三次觀慈，慈於所化一切眾生，與人天樂，十地樂，離十惡畏樂，得妙華三昧樂㉓，乃至佛樂。如是觀者，慈品具足。

菩薩爾時住是地中，無癡、無貪、無瞋，入平等一諦智。一切行本，遊佛一切世界，現化無量法身。

如〈一切眾生天華品〉說。

【注釋】❶體性善慧地　善慧地，又稱為「離垢地」，在新譯《仁王經》卷下中為菩薩十地中之第九地。達於本地菩薩者，已經得到法無礙解、義無礙解、詞無礙解、樂說無礙解，能於十方弘演一切善法，使聽聞者生趣地佛法的無上歡喜心。本地菩薩還能於波羅波羅蜜（即力波羅蜜）中，證得智自在所依真如。此也即是解行地菩薩。此種菩薩因其僅達十住、十行和十迴向，故又稱為三賢位菩薩。❷觀　即以智慧觀照諸法。❸道智　參頁四九「道智」注。❹識心　六識（眼、耳、鼻、舌、身、意的六種認識作用）或八識（六識和末那識、阿賴耶識）之心王。六識與八心識各有心王與心所，識之本體為心王。❺苦諦　苦、集、滅、道四諦之一，是關於眾生之苦的道理。《增一阿含經》說：「云何名為苦諦？所謂苦諦者，生苦、老苦、病苦、死苦、憂悲惱苦、怨憎會苦、恩愛別離苦、所欲不得苦，取要言之五盛陰苦，是謂名為苦諦。」對苦的內容，有著二苦、三苦、四苦、五苦等不同的說法。❻如者　《大正藏》本無「如者」二字。❼身初覺　即五識，一眼識，二耳識，三鼻識，四舌識，五身識。❽二緣　即以苦來於根和境。苦之不同，而分為內緣和外緣。從刀杖而得苦者，苦緣於外，稱為外緣；從身陰而得苦者，其苦緣於內，稱為內緣。此等苦成於內緣，即身體的感受。❾瘡　本節中「瘡」字《大正藏》本均作「創」。❿二心　即心王和心所。前者六識或八識之識體本身，意為精神作用之主體；後者是對「心所有法」的簡稱，為心所有的各種思想現象，如貪、瞋、癡、慢、疑、恨等共有五十一種。⓫十種辯才　辯才，即弘揚正法、教化眾生之善巧超凡口才。一般所說的辯才有四、七、八、九種。太賢說此十種辯才為：(1)自相，說事相故；(2)同相，說理相故；(3)行相；(4)說相；(5)智相；(6)無我慢相；(7)大小乘相；(8)菩薩地相；(9)如來地相；(10)作住持相。⓬苦識苦緣　苦識，即苦體，或苦諦。苦緣，即苦之所起所成的因緣，即是心王和六根。⓭具不具　刀杖為外緣，苦識行身瘡腫發壞為內緣，因為刀杖等破身，具觸境；瘡等自生故言不觸境。所以言有具與不具。⓮迮　意為逼迫。⓯壞苦　三苦（苦苦、壞苦、行苦）之一。佛教依內容和分類不同，把苦分為多種。⓰無明　又作無明支，佛教所說的一種因為心之闇鈍而不能照了諸法事理的狀態，也即是煩惱的異名。為十二因緣之一。《大乘義章》卷二說：「於法不了為無明。」⓱集諦　又名習諦、苦習聖諦或苦集諦，四聖諦之一，為原始佛教的基本教義之一。集，即招聚之意。心與結業相應，未來定能招聚生死之苦果。集諦是對眾生沉淪生死、遭受苦果的原因表述。⓲道諦　又為道聖諦，四聖諦之一。其意是指欲達苦滅之境而要依之修行的八種正道，即正見、正志、正語、正業、正命、正方便、正念、正定。⓳寂滅一諦　或稱為滅聖諦、苦滅諦、苦盡諦等，四聖諦之一。其意指一種永斷無明、欲愛等一切煩惱，一切苦皆得消滅的身心狀態，亦即涅槃境界。⓴起空入觀　空，不究竟的看法。觀，真智。凡夫執諸法為實有為妄見，二乘者執視諸法為真空，也不為究竟觀，只有從空中見有，有中見空，方為真智。㉑四大海　依佛教的宇宙觀，在須彌山四方之大海也。詳而言之，在須彌山周圍有八山八海。此處意為其量大。㉒風輪　大地所依四輪（另三輪為火輪、水輪、金輪）之一，位於世界最底部，世界立於虛空之上。四輪之上乃有九山八海。㉓妙華三昧樂　百八三昧之一。《大智度論》卷四七說：「妙華三昧者，如樹華敷開令樹嚴飾，得此三昧。諸三昧中開諸功德華，以自莊嚴。」

【語　譯】佛弟子，若達於體性善慧地，則具有清淨明達的一切善根，即具備了慈、悲、喜、捨、慧等，此為一切功德之本。

〔首先〕，佛子能以慈悲喜捨慧等為本，從此入觀空智慧，能方便善巧地用斷除迷惑之無漏道智，從中見一切眾生因為識心熾盛，所以陷入無盡諸苦之中，如墮於地獄、餓鬼、畜生之三惡道中，或受刀、杖之折磨苦惱。眾生所遭一切苦惱，皆因其識心而成，此即為苦諦。

集苦之緣者有三種。

第一，身初覺。〔即從眼、耳、鼻、舌、身識所得感受〕。因刀杖而得之苦，其苦緣於外；從色陰者而得之苦，其苦緣於內。五識從此二緣中生出感覺，此為行苦之緣。

第二，意地覺。緣於五識之感受，如受刀杖、得身瘡腫等，因為是苦上加苦，所以此為苦苦緣。

第三，受行覺。由於識體所受刀杖、壞瘡等之苦厄能生苦之意和識，成苦覺，此名為壞苦緣。正是因為上述三覺次第生於三心（身意識）故，才稱為苦苦苦。

一切有慈悲心的眾生，在世界中見此三苦，都應當認識到生此無量苦惱之因緣。應當決心於此世界中入定，領悟三昧之智慧，並以之教化眾生了知諸苦之根源。以方便善巧現一切色身於六道世界中。以十種辯才，說諸佛法門，向眾生說明諸苦之所成所依。如刀杖是苦之外緣，身瘡腫發壞者，是苦之內緣，內外二緣中或有觸或無觸。依此二緣即會生識，即眼、耳、鼻、舌、身意五識。依此五識，則意識（第六識）隨起分別，即是識作。此種對苦的覺識，名為苦識。因為苦有內外二緣，所以心所和心所法都緣於色成，如此身心遭受苦痛而成的苦稱為苦苦。苦識乃因心成，一開始為六根識苦，名為苦覺；此時心作、心受、觸識、覺觸等尚未感受此種煩毒時，是名行苦。當諸苦如斲石火相逼而生苦覺，造成身心念念生滅、身散壞轉變化、感受心苦心惱受念後，則心識染著，難以自拔，此為壞苦。這正是三界一切苦諦之根源。

其次說集諦，愚癡無明聚集於眾生之無量心中，造作一切業，使心癡闇、體無慧。如此不明佛理之心相續相連，致使心中永昧正法，此心招聚苦因，招致煩惱和苦果，這就是集因。集因是為集諦。

若有正見，通曉解脫之理，識達諸法為空、空也為空之理，即能以其理觀照身心法識，〔生起正念正道等〕，是為智道道諦。

〔如果識信正法，有了正念與正行〕則可滅盡一切果因，不受苦果，斷除愚癡無明，能以佛慧清淨觀照諸法體性，以無上妙智，滅盡因果苦厄，是為滅諦。

如果具足上述苦集道滅四聖諦之智慧體性，就能以聖慧從空觀中發現妙有，直入聖智，識達諸法真如性，具備了成佛的初善根。

第二觀，是說在此體性善慧地，應當能捨一切貪欲和執著。以一切皆空的觀點視諸法的真實平等空性，並以無緣行而觀諸法之空際一真如相。應當視作一切十方地土，皆是吾昔身所用故土；四大海水，也是過去我身所用之水；綿延無盡之久的劫火，也是過去我身所用之火；一切風輪，都是由我過去所用氣而成。我今入此體性善慧地中，已證法身滿足，捨吾過去一切色身。從此不再受束於因四大而成之不淨故身，故稱為捨品具足。

第三觀，則是能觀此地樂果，與所教化的一切眾生，得與人天樂，十地樂。能離十惡之業，能成精進無畏，能得妙華三昧樂而開諸功德華，以自莊嚴。也能得佛樂，獲大自在。如能這樣觀照諸法世界，則能慈品具足。

菩薩得樂時住在體性善慧地中，則能無癡、無貪、無瞋，能通達平等一諦智，通達一切行本。能遊諸佛一切世界，也能示現無量法身。

【說　明】本節主要敘述了「三觀」：第一觀，為入大空慧，方便道智中見諸眾生，而得苦集道滅

這正如〈一切眾生天華品〉所說的那樣。

之四聖諦。第二觀為從聖諦而入捨一切貪障而行平等空之理。主要說明瞭體性善慧地者已經捨棄了四大緣生的色身，而成就了法身滿足，永不退還之性。第三觀為入慈善根之理。

第三　體性光明地

若佛子，菩提薩埵，光明體性地。以三昧解了智❶，知三世一切佛❷法門，十二法品❸，名、味、句❹。重誦、記別、直語、偈、不請說、律戒、譬喻、佛界、昔事、方正、未曾有、談說。是法體性，名一切義別❺。是名、味、句中說一切有為法❻，分分受生。

初入識胎❼，四大❽增長色心，名六住❾。於根中起實覺❿，未別苦、樂，名觸識⓫。又覺苦、樂、識，名三受⓬。連連覺著受無窮⓭，以欲、我、見、戒，取⓮。善惡，有⓯。識初名生⓰，識終名死⓱。

是十品⓲現在苦因緣果觀⓳，是行相中道。

我久已離故，無自體性。入光明神通，總持辯才⓴，心心行空。而十方佛土中，現劫化轉化㉑，百劫千劫，國土中養神通。禮敬佛前，諮受法言，復現六道身，一音㉒中說無量法品，而眾生各自分分得聞心所欲之法。苦、空、無常、無我，一諦之音，國土不同，身心別化。是妙華光明地中，略開一毛頭許。

如法品〈解觀法門千三昧品〉說。

【注釋】❶三昧解了智　金陵刻經處本為「三昧解丁智」，今據《大正藏》本改。指以依正定而發三慧（聞慧、思慧、修慧），通達諸法之究竟智。❷三世一切佛　三世，或作三際、去來今等。世，其意為時間的遷流綿延，有過去、現在和將來三種。個體的生命有著三世之意義，如當世、過去世和未來世。從理論上說，三世理論使佛教的果報思想更為圓通。佛本眾多，因為時間的三世分別，佛也就有了三世佛的說法，即指彌陀佛、釋迦佛和彌勒佛，他們分別為過去佛、現在佛和未來佛。彌陀佛是過去十劫之佛，彌勒佛為五十六億七千萬年後，將出現於娑婆世界的佛。三世一切佛，此處指一切、所有時的佛。類似的說法經典常有，如《心經》即有「三世諸佛」之說。❸十二法品　即經典中常說的十二部經，對經教內容的十二種分類。❹名味句　顯法體者為名，即十二部經之總。能詮法義者為句，即諸部經文。味即一切佛說的精義。一切諸佛法門，相雖有別，其體味一。❺一切義別　《大正藏》本作「第一義別」。❻一切有為法　有為，即有作為、造作之意，泛指由因緣和合所造作之現象。如色心等法，皆從因緣生，名曰有為。與之相對，本來如此而非因緣所生，即是無為法。❼識胎　即識，十二緣起之第三支，具有了別性的心。對於外境而言，心又名為識。❽四大　即地、水、火、風。佛教認為，世間的一切色法都為四大所造。❾六住　此處指六境。❿於根中起實覺　此句是說，因其六根而生識。根，為能生。眼如根，能生眼識，則名為眼根；信能生善法，則名為信根，等等。人有眼、耳、鼻、舌、身、意六根。十二緣起之第五支。⓫觸識　即觸支，十二緣起之第六支。指根、境、識和合而形成的精神作用或心理狀態。與根、境、識之種類相應，觸也有六種。如眼觸、耳觸乃至意觸等。觸有苦、樂和不苦不樂之別。但是本經此處說未別苦樂名觸識。⓬受　受支，十二緣起之第七支。根境所合而產生的感受，有苦受、樂受和不苦不樂受之分。⓭連連覺著受無窮　即愛支，十二緣起之第八支。因連連覺著而不捨，故為愛。⓮欲我見戒二句　此處說的是十二緣起第九支取支。由於第八支所言的連連愛支而不欲斷，而引起現行熾熱貪著（如對淫、食、資具等）。欲是欲取，我即我語取，見為見取，即戒禁取。⓯有　即有支，十二緣起之第十支。其意為存在，其意有二：業有與報有。業有是指善惡業的存在，報有是指善惡業果報的存在。⓰識初名生　生支也，十二緣起之第十一支。有為法因為過去之業力而起現行，結以當來果，名為生。⓱識終名死　死支也，或稱為老死，十二因緣之第十二支。有為法的緣盡而散。⓲十品　此處說了除「無明支」和「行支」之外的十二因緣中的十個，故曰十品。⓳現在苦因緣果觀　識、名色、六處、觸和受五支為現在苦（果），愛、取、有三支為現在因，生、老死支為現在因之將來果。⓴總持辯才　總持，持善不失，伏惡不起。辯才，辯才無礙。為菩薩修習念定慧的功德。㉑現劫化轉化　意為超越時間，在時空任運自如。㉒一音　指如來之說法。《維摩經》中有「佛以一音演說法，眾生隨類各得解。」此處一音指廣布佛法。

【語　譯】佛弟子，成了菩薩，達此光明體性地後，即能以因修三昧而成的究竟三慧，曉悟三世一切佛的教化法門。其法體總稱為十二部經。它們是：重誦、記別、直語、偈、不請說、律戒、譬喻、佛界、昔事、方正、未曾有、談說。如是諸法體，正是無上甚深、湛寂莊嚴之妙理。諸法意趣和所詮、能詮說盡一切有為諸法，使諸眾生能受法而得生於如來之家。

首先是識的形成。四大緣起而成色心，名六境。於此六境中，六根能生起諸法為實有之感覺，在根境識的和合中產生的感覺，名為觸識。對這種感覺之苦、樂、識三種分別，則名為三受。對三受的執著以至無窮，則為愛識。由於連連愛支所纏不斷，引起現行的熾熱貪著，而形成取支。〔從前述之「心所法」緣起，〕而生成善惡之業報，此為有支。由於愛、取、有造成的善惡業心將導致果報，造就來世的重生。有生必有死，生死不斷，造成眾生在因果輪迴中沉浮。

這裡所說的十種因緣支，說明了眾生的過去、現世和將來苦樂果報根源的因果鏈。如能悟其實相之理，則是達於中道。

我久已超越了十二因緣之因果鏈，離有不著，故無有自性，當體即空；並有光明神通，持善不失，伏惡不起，有辯才無礙方便說法。以中道之理，能空「心所」和「心所法」。在十方佛國中，我能超越時空，任運自如，轉一日為百劫千劫，在此國土中涵養神通。並能禮敬如來不輟，時時聆聽法語。又能復現六道眾生相，為眾生說無量解脫法門，而眾生各依其類，都能得聞其心所欲之解脫法。了知苦、空、無常、無我之真諦。佛法一如，其旨為一，雖然國土不同，眾生異類別化，但都能聽聞佛法而得解脫。此種法門在此妙華光明地中，僅略作講說。

在〈解觀法門千三昧品〉中則廣為弘演。

【說　明】依十二緣起理論，緣無明有行，緣行有識，緣識有名色，緣名色有六處，緣六處有觸，緣觸有受，緣受有愛，緣愛有取，緣取有有，緣有有生，緣生有老、死、憂、悲、苦等。十二支中，前者均為後者生起之因，前者若滅，後者亦滅。此有則彼有，此生則彼生。即一切事物皆具有相依性，皆由因、緣所成立，故說無常、苦、無我。十二緣起說是佛教基本理論之一，言盡一切世界、社會和人生現象。

第四　體性爾燄❶地

若佛子，菩提薩埵，體性地中，爾真燄俗，不斷不常❷，即生即住即滅，一世一時一有❸，種異異現異❹故。因緣中道，非一非二，非善非惡，非凡非佛❺，故佛界、凡界一一❻，是名為世諦。其智道觀，無一無二，玄道定品❼。

所謂說佛心行❽，初覺定因❾。信覺、思覺、靜覺❿、上覺、念覺、慧覺、觀覺、猗覺、樂覺、捨覺⓫。是品品方便⓬道，心心入定果。是人住定中，燄燄見法行空。若起念定，入生⓭心定生愛，順道法化生⓮，名法樂忍、住忍、證忍、寂滅忍⓯。

故諸佛於入光光華三昧中，現無量佛，以手摩頂，一音說法。百千起發，而不出定。住定、味樂定，著定、貪定⓰，一劫千劫中住定。見佛蓮華坐，說百法門，是人供養聽法，一劫住定。

時諸佛光中摩頂，發起定品出相、進相、去向相⑰故。不沒、不退、不墮、不住，頂三昧。法上樂忍，永盡無餘，即入一切佛土中⑱。修行無量功德品，行行皆光明，入善權方便，教化一切眾生，能使得見佛體性，常樂我淨。是人生住是地中，行化法門漸漸深妙，空華觀智入體性中道。一切法門品滿足，猶如金剛。

上〈日月道品〉已明斯義。

【注釋】❶爾燄　或作「爾炎」，意為所知、境界、智母，即是說五明之法能生智慧之境界。以其「所知」義配真俗二諦，故下有「爾真燄俗」之說，也即是有「真爾燄」和「俗爾燄」。❷不斷不常　離增減生滅、遠遷流變化，故云不斷不常。❸一有　即一妙有。❹種異異現異　種異異，即成就諸法的種種因緣皆不相同，種種皆異，故言異異。現異，有因必有果。現，意指「果」。過去因緣不同，現果也就不同。❺因緣中道四句　本句意思是說，因為無相，則不壞假名，所以言其因緣中道也。既然無定性名為中道，不執一偏，故有非一非二、非善非惡、非凡非佛之說。❻佛界凡界一一　意為佛界凡界一一不同，各有所異。此為俗諦之見。❼玄道定品　此句意為因定而發中道之慧。玄即中道之智所緣者，道即中道之智，定為中道之智所依者。❽佛心行　指佛的心理狀態及其定觀狀況。心行，本為心的活動狀態、對象、指向、善惡之性等。由於心為念念遷流者，故形象地名之為「心行」。《法華經》之〈方便品〉有「佛知彼心行，故為說大乘」之語。❾初覺定因　即初悟空理，空理為定所因，定乃為覺所因。❿信覺思覺靜覺　此三覺屬於聞思修慧。信指信聞正法，思指思惟義理，靜指修行體證，此三慧分別稱為聞慧、思慧和修慧。⓫上覺念覺慧覺觀覺猗覺樂覺捨覺　此為七覺支，即七種覺法。其順序各有排列不同，它們是：(1)上覺支，上謂不止，即精進覺支，對正法勇猛精進永不懈怠；(2)念覺支，心中念記禪定與智慧不止；(3)慧覺支，即擇法覺支，依智慧能選擇真法，捨棄虛偽法；(4)觀覺支，即定覺支，心入禪定，住於一境而不散亂；(5)猗覺支，又作輕安覺支，指因為斷除身心俗粗之念，身心輕快安穩之狀；(6)樂覺支，即喜覺支，因得正法而心生喜悅；(7)捨覺支，即心捨妄謬、無偏頗，不執一切法而保靜，為行蘊所攝之心所。若修行者心浮動不安、心沉志退時，可擇其七法而用之，藉此七法證得無學果。⓬方便　或稱為善權等，十波羅蜜之一。從方法上說，可理解為引有我執眾生入真如法界、曉諸法實相之方便法門；從層次上說，其是與般若真如之慧相對，乃為權巧之智，非終極之諦。窺基的《法華玄贊》卷三分方便為四種：「進趣方便、權巧方便、施造方便和集成方便。」《法華玄義》卷二有「夫經論異說，悉是如來善權方便」之語。⓭入生　即入有情世界。⓮順道法化生　《大正藏》本為「順道道法化生」。意為以合於正道之法教化眾生。⓯法樂忍住忍證忍寂滅忍　聞法心喜名法樂忍；持德不退名住忍；入真如得真諦為證忍；離著心、滅妄念為寂滅忍。⓰住定味樂定二句　住定即著定，味樂定即貪定。此為對善法的歡喜心所致，而非貪欲執著。⓱出相進相去向相　此為定品三種相。因為菩薩已證得諸法之空性，定力超越三有，雖入定而有出相；菩薩所證之空是中道空，是真空妙有，與二乘之惡空不同，雖出相也為進相；此種定不是為自度，而是為度眾生，以大乘為旨，定向大乘果，故名去向相。⓲即入一切佛土中　《大正藏》本為「即入一切佛土」。

【語　譯】佛弟子，成了菩薩，要知道在此體性地中，能生智慧之境界也有「真爾燄」和「俗爾燄」之分。以真俗爾燄觀照，就會了知諸法因為離增減生滅、遠遷流變化，所以其性為不斷不常，剎那間即生即住即滅，萬劫為一時，一時也即是萬劫，此即為妙有也。諸法過去因緣迴異，現果也就因之不同，但從中道勝義觀上看，它們實為無性無相，所以非一非二、非善非惡、非凡非佛。因為一切皆為假名，其空是體，其有為相。因此，如果認為佛界、凡界一一有別，各有不同，此即是為世諦。從中道觀來看，它們無一無二、不一不二。這種中道之智本乃因定而發。

諸佛證道，源於禪定，即是初悟空理，由空而定、由正定而生慧覺。它們是：信覺、思覺、靜覺、上覺、念覺、慧覺、觀覺、猗覺、樂覺、捨覺。此十覺是修行之道。若遇心浮動不安、意沉志退時，可擇其七法而對治之，籍此七法證得無學果。此地菩薩礙障漸斷，以方便道力，使人一動一念，皆能入於正定，由定得慧。菩薩若能達於正定之中，即能生起無量智慧光，悟得世俗之法的勝義空性。若從此得正法正念的正定中出來，進入有情世界，則對一切眾生，能施以藉禪定而得的慈愛之心，以正道之法教化眾生，使其聞法得喜、精進不退、體證真如法理、愚執妄念不再萌生。

所以諸菩薩入於光光華三昧中，示現無量佛相，手摩眾生頂，如諸佛般演說佛法，使無量眾生聞法起信，自己仍不出於此定。由於菩薩樂定不出、繼定不起，其定時短則一劫，長則千劫。憑此定力，菩薩也得見諸佛於蓮華寶座上說百千解脫法門，眾生供養而聽法。因此，菩薩又〔心生歡喜〕延長一劫，住定不出。

此時，諸佛在慧光中摩頂眾生，示現出定品三相之光，即出相（雖在定中而猶出定）、進相（雖已出定實在定中）和去向相（雖為自定實為眾生）。〔因為能善知定品三相之理，〕所以能做到雖出定而不沒，雖入定而不忘趣向眾生，雖趣向眾生而不墮其志，知定為眾生而精進不住於定。此即為最上乘三昧。使眾生聞無上正法心生歡喜、精進不懈。因之即得入一切佛國中，現眾佛相，此地菩薩因修行無量功德品，而得無量光明永住，方便說法、無礙辯才，任運自如。以之教化一切眾生，能使其得見諸佛之玄妙體性、見常樂我淨涅槃四德。使眾生也能得住此地中，漸漸領悟正法的行化法門而入妙境，以定得慧、以慧觀法，而悟解中道之理，〔知真俗二諦同歸於中道。〕如此，則一切法門品圓滿具足，猶如金剛勇猛無障。

以上在〈日月道品〉中已詳明其意。

【說明】大乘果是個體修行者的目的，自度的歸趣；但更為根本的一面，它是度他的手段。達於大乘果則能摩頂眾生，使其聞法得喜、得智、得救。

第五　體性慧照地

若佛子，菩提薩埵，慧照體性地。法門十種力生品，起一切功德行：以一慧方便，知善惡二業別行，處力品❶；善作、惡作業，智力品❷；一切欲求，願六道生生果，欲力品❸；六道性分別不同，性力品❹；一切善惡根，一一不同，根力品❺；邪定、正定、不定，是名定力品❻；一切因果，乘是因，乘是果，至果處乘因道，是道力品❼；五眼知一切法，見一切受生故，天眼力品❽；百劫事，一一知，宿世力品❾；於一切生，煩惱滅，一切受，無明滅，解脫力品⑩。

是十力品智，知自修因果，亦知一切眾生因果分別。而身心口別用，以淨國土為惡國土、以惡國土為妙樂國土，能轉善作惡、轉惡作善，色為非色、非色為色，以男為女、以女為男，以六道為非六道、非六道為六道，乃至地水火風、非地水火風。

是人爾時以大方便力，從一切眾生而見不可思議，下地所不能知覺，舉足下足事⑪。是人大明智，漸漸進⑫、分分智⑬、光光無量無量⑭，不可說不可說法門，現在前行。

【注釋】❶處力品　處此指「是處非處」、「處非處」。力，智力。「處力」即處非處之智力，它能分別是非、了知物理，為佛所具有的十智力之一。❷智力品　此處指自業智力，是知一切眾生三世因果業報之智力。❸欲力品　即種種勝解、欲求善果之智力，能知六道意樂勝劣故，現行意樂。❹性力品　即知種種界智力。這是一種能知種性，知一切眾生種種知解，即能因於世間眾生種種境界不同而均能洞悉的一種智力。❺根力品　知眾生之根性的智力。此種智力能知眾生根性之勝劣、上下以及得果之大小。❻定力品　即靜慮解脫智力，為正定聖。它能知諸禪解脫三昧智力，知諸禪定及八解脫三三昧，依之能知凡定、聖定（正定、邪定和不定）之差別。

❼道力品　即遍趣行智力。它能知趣果之方便，能知乘是果因、有乘因則必有道果；能悟入大小乘教門所攝之境，知五戒十善之行至人間天上、八正道之無漏法至於涅槃等，各知其行因所至果處。❽天眼力品　又稱宿住生死智力，言五眼知一切法，以天眼能見諸眾生善惡業緣。五眼為：凡夫的肉眼、天人的天眼、聲聞的慧眼、菩薩的法眼、如來的佛眼。❾宿世力品　即宿住隨念智力。知宿命無漏智力，知眾生宿命，知無漏涅槃之智力。❿解脫力品　即漏盡智力。能永斷習氣，使一切受者順現受，潤生而滅煩惱，永斷妄惑餘氣，能如真如實相之智力。⓫是十力品智十三句　意思是說，由於所具的神通力，三業變化得以自在，能示現眾生不可思議之圓滿功用，無可障礙。⓬漸漸進　指為斷除煩惱、增進善根而加功用行，意同加行道。⓭分分智　指能觀真如智理，開始斷除煩惱而不為其惑所妨礙的智力。此屬於無間道之智。⓮光光無量無量　因獲解脫趣入涅槃大道而得的功行果報相。這也是從漸漸進（加行道）到分分智（無間道）而發展必然結果（解脫道）。

【語譯】佛弟子，成了菩薩，生此慧照體性地，則具法門十種力生品：(1)起一切功德行，以其所修得的聖慧，能知善惡二業、了別物理實相，此為是處非處智力；(2)能知一切善惡之行的因緣果報，身口意三行業的善惡之記性，此為自業智力品；(3)一切欲求，能知六道意樂勝劣故，現行意樂，願六道眾生皆得善果，此為欲力品；(4)能知六道種性，知一切眾生種種知解，能因世間眾生種種境界不同而如實普知的智力，為性力品；(5)能知要化導的眾生根機不同，悟性有異，知眾生根性之勝劣、上下，知眾生得果大小的智力，為根力品；(6)能知諸禪解脫三昧智力，知諸禪定及八解脫三三昧，乘有漏因而至有漏果，乘無漏因得報無漏果，依之能知凡定、聖定之差別的智力，是名定力品；(7)能知趣果方便，知有乘因必至果處，能悟入大小乘教門所攝之境，如五戒十善之行至人間天上、八正道之無漏法至涅槃果等，各知其行因所至，是道力品；(8)知五眼能覺知一切法，以天眼能見諸眾生善惡業緣，此為天眼力品；(9)能知趣果方便，知百劫宿命無漏智力，知眾生百劫宿命一切事、知無漏涅槃的無漏智，是為宿世力品；(10)使智慧得生，永斷惡習氣、能使一切受者順現受，潤生而滅煩惱無明，永斷妄惑餘氣，能知真如實相之漏斷智力，是解脫力品。

若菩薩具此十力品智，則不僅能知自修因果，亦能知一切眾生因業果報之分別，且能發動身心口別用為業。〔因為憑定力而得神通力，〕則能使淨國土為惡國土，或以惡國土為妙樂國土；〔因為了知諸法性空之理，〕則能轉善為惡或轉惡作善；〔因為知道色即是空、空即是色，〕所以能知色為非色或非色也為色；〔因為知道諸法均無實相，即使男女也是如此，〕所以能以男為女也能以女為男；〔由於洞察聖凡不二之理，〕所以能視六道為非六道、視非六道為六道；〔由於知道四大也是空無自性，〕所以能視地水火風為非地水火風。

如此這樣，則菩薩就能以此正定而得的大方便力，不僅能夠示現一切眾生認為不可思議，即使初地菩薩也不能知曉的圓滿神通功用，而圓滿具足本地之前菩薩的一切功德。如此，大光明智則現其眼前，逐步進入分分智之境。所得智光，無量無量。正是於此智光之中，一切不可說不可說量的諸佛法門，才示現於前。

【說　明】具此十力，則能與佛一般作為，能任運無礙、超越凡聖，能化轉方便、洞悉一切不可說法門為其所用。

第六　體性華光❶地

若佛子，菩提薩埵，體性華光地。能於一切世界中，十神通❷明智品，以示一切眾生種種變化。

以天眼明智❸，知三世國土中微塵等一切色，分分成六道眾生❹身。一一身微塵細色，成大色分分知❺。

以天耳智❻，知十方三世六道眾生，苦樂音聲，非非音、非非聲，一切法聲❼。

以天身智❽，知一切色，色非色，非男非女形。於一念中，偏十方三世國土劫量，大小國土中微塵身。

以天他心智❾，知三世眾生心中所行，十方六道中一切眾生，心心所念，苦樂善惡等事。

以天人智❿，知十方三世國土中，一切眾生宿世苦樂命，一一知，命續百劫。

以天解脫智⓫，知十方三世眾生解脫，斷除一切煩惱。若多若少。

從一地、乃至十地⑫，滅滅皆盡。

以天定心智⑬，知十方三世國土中眾生心，定不定、非定非不定、起定方法，有所攝受，三昧百三昧。

以天覺智，知一切眾生已成佛、未成佛，乃至六道，一切人心心，亦知十方佛心中所說之法。

以天念智，知百劫千劫，大小劫中，一切眾生受命，命久近。

以天願智，知一切眾生賢聖，十地三十心⑭中，一一行願。若求苦樂，若法非法，一切求，十願、百千大願品具足。

是人住地中，十神通明中，現無量身、心、口別用。說地功德，百千萬劫不可窮盡。而爾所釋迦⑮，略開神通明品。

如〈觀十二因緣品〉中說。

【注釋】❶華光　般若正因照境破闇，故名華光。❷神通　佛教認為通過修習禪定而獲得的一種自在、無礙超凡難喻的能力，即為神通。對於神通有不同說法，一般認為有神足通、天眼通、天耳通、他心通、宿命通等五種。常說的神通有五神通或六神通（五神通再加上漏盡通，即解脫通）。❸天眼明智　即是與其天眼通相應的智慧，其性屬無記，攝於十智中之有漏世俗智。天眼，又稱為天眼智證通，六神通之一。這種眼能夠看透世間一切真相。❹六道眾生　六道，佛教義理所立的、與個體業報相關的「三惡道」和「三善道」的六種世界。三惡道分別是地獄道、餓鬼道、畜生道，三善道分別是阿修羅道、人間道和天道。六道之中，眾生無量。依其出生時的生命形態，無量眾生可以分之為四類，胎生、卵生、溼生和化生等，又稱為六道四生。❺一一身微塵細色二句　本句意思是說，無量微塵數的大色分成六道眾生身，同樣，每一眾生身也能細分、還原成四大之細色，意為緣盡則滅。大色，即四大之色：地水火風。❻天耳智　色界諸天人因其四根靜慮為依地，而得成色界四大種所造的淨色之耳，六神通之一。天耳者，能聞見遠近粗細等一切人聲、非人聲，並知音聲空。天耳智，也即天耳者所成的一種與其天耳相應的智慧。❼非非音非非聲一切法聲　音、聲均為耳根所對，為根對塵的認識。音、聲有無情之音聲和有情眾生之音聲，非非音、非非聲指無情之音聲。一切法聲，指十方三世有情無情一切音聲。❽天身智　六神通之一。或云神境智證通、身如意通、身通或神足通。即能變現不思議境界，於一念中通於十方國土之量、三世劫量，自在往來諸世界的神通力，故云神足通；又因自身有能變現自在之神通力，故云身如意通。能知一切色及知色之非色等性。❾天他心智　或稱為天心通、他心智、他心智證通。意為能知他人之心念而無礙。六神通之一。❿天人智　天人通智，又稱為宿命通、宿住智、宿住隨念智證通等。能了知過去之事。六神通之一。⓫天解脫智　或為解脫通。即能知諸眾生解脫方便的漏盡智，以之能滅十障。六神通之一。⓬十地　此處指菩薩乘十地，即歡喜地、離垢地、發光地、燄慧地、極難勝地、現前地、遠行地、不動地、善慧地、法雲地。為菩薩五十二位修行中的第五個十位。在此十地，漸開佛眼，成一切種智，已入聖位。另外聲聞、緣覺和佛也都有十地階位。⓭天定心智　與天覺智、天念智、天願智均為天他心智的別說。即能知十方三世眾生的禪定、非定非不定，能知其心中所覺、所念、所願的一種神通智慧。⓮三十心　地前菩薩之心，為菩薩修行五十二階位的第十一至第四十位。即十住、十行、十迴向。地前菩薩為凡夫菩薩，只有到了地上才是法身菩薩。因此地菩薩只斷見思惑，而尚有塵沙量的無明惑在，未入十地聖位，故稱三賢，或地前菩薩。⓯而爾所釋迦　此句意為，釋迦所說者，也不過是說明了十神通而已。

【語　譯】佛弟子，成了菩薩，位於此體性華光地，則能於一切世界中，獲得十神通光明智慧，能以之示現一切種種變化，化度眾生。

能以天眼明智，知十方三世國土中微塵等一切色之實性，從而知道六道眾生之身均為此無量微塵之因緣和合而成。〔同樣，一切眾生身也都有微塵數之細色，會還原成五大之細色。〕

能以其天耳智，聽聞十方三世六道眾生，聽得他們的苦樂音聲，十方三世國土一切有情、無情之言語音聲。

能以其天身智，〔知諸世界的一切有情或無情的存在〕，能知一切色法的真如性，知道色即是非色，知道男女之相也實為非男女之相。並能於一念中，以無礙法身周遍任運十方三世無劫量以來的國土，在此大小國土中能示現其微塵身性。

能以天他心智，洞悉三世眾生心中一切行願，了知十方六道中一切眾生之心心所念，了知他們的苦樂善惡等事。

能以天人智，知十方三世國土中一切眾生宿世苦樂，對其百劫之長的善惡業報，也一一知曉。

能以天解脫智，知十方三世一切眾生解脫之法，使他們漸漸斷除一切煩惱。從一地，乃至十地，所有煩惱無明盡得斷滅。

能以天定心智，知十方三世國土中眾生心性，不論是否在定中，不論是非定還是非不定，不論是入定還是出定，都能如此。並以此得成百三昧之三昧門。

能以天覺智，知一切眾生已成佛者和未成佛者，進而知道六道一切眾生的心相，亦知十方諸佛心中所說之法。

能以天念智，知百劫千劫之久，知大小劫中一切眾生順境或逆境之情，知其亙古至今乃至未來的生命輪轉、善惡果報之數及其受報之壽命長短。

能以天願智，知一切眾生之賢聖性，知其在十地階位和三十心中的一一行願，如此則不論是求苦還是求樂、求法還是求非法，則其一切所求，十願、百千大願均能具足。

菩薩住此地中，能以十神通光照此地，任運示現無量身心口妙用，為眾生說此地功德，雖經百千萬劫之久也不可窮盡。釋迦佛所廣明者，也不過是十神通而已。

如在〈觀十二因緣品〉中所說的那樣。

【說明】本節說明了達於體性華光地之諸種功德神通。其所獲得的大神通不是目的，而是化度眾生的手段，以使其同入佛地。佛菩薩的神通，常說為五種或六種，即六神通。但本經和新譯《華嚴經》均有十神通之說，只是名稱有所不同。

第七　體性滿足地❶

若佛子，菩提薩埵，滿足體性地。入是法中，十八聖人智品❷，下地所不共。所謂身無漏過❸、口無語罪、念無失念、離八法❹、一切法中捨、常在三昧❺，是入地六品具足❻。復從是智，生六足智❼。

三界結習❽畢竟不受，故欲具足。一切功德、一切法門，所求滿故，進心足。一切法事，一切劫事，一切眾生事，以一心中，一時知故，念心足。是二諦相，六道眾生❾，一切法故，智慧足。知十發趣人❿，乃至一切佛，無結無習故，解脫足。見⓫一切眾生，知他人自我弟子，無漏無諸煩惱習故⓬，以智知他身，六通足⓭。

是人入六滿足明智中，便起智身，隨六道眾生心行。口辯說無量法門品，示一切眾生故。隨一切眾生心行，常入三昧，而十方大地動，虛空化華故，能令眾生心行。以大明智具足，見過去一切劫中佛出世，亦是示一切眾生心。以無著智，見現在十方一切國土中，一切佛一切眾生，心心所行。以神通道智⓮，見未來中一切劫，一切佛出世。一切眾生，從是佛受道聽法故。

住是十八聖人心中，心心三昧。觀三界微塵等色，是我故身。一切眾生，是我父母。而今入是地中，一切功德一切神光、一切佛所行法，乃至八地、九地中，一切法門品，我皆已入故。於一切佛國土中，示現作佛、成道、轉法輪，示入滅度，轉化他方，過去來今一切國土中。

【注　釋】❶體性滿足地　菩薩所處的圓滿具足十八聖人智、功用悉達之境地。❷十八聖人智品　即十八不共法，此處是唯佛獨具的十八種功德，二乘及菩薩所不有，故云不共。它們是：身無失；口無失；念無失；無異想；無不定心；無不知已捨；欲無滅；精進無滅；念無滅；慧無滅；解脫無滅；解脫智見無滅；一切身業隨智慧行；一切口業隨智慧行；一切意業隨智慧行；智慧知過去世無礙；智慧知未來世無礙；智慧知現在世無礙也。❸漏過　漏，即為煩惱之別稱。佛教認為，由於眾生為煩惱所障所染，常從眼耳等六根處而生煩惱，並在三界中生死流轉。所以如若煩惱盡，即稱為漏盡。對於漏的內容，不同時期或不同的經典說法不盡一致。原始佛教經典如《長阿含經》卷八認為，鑒於三界之不同，其漏也就有著區別：欲界的煩惱稱為欲漏，色界、無色界之煩惱稱為有漏，另外還有三界煩惱之總括的無明漏。過，即過失；破戒即獲過失，如食肉有十過，或稱破戒有五過等等。❹八法　佛教經典中所說的八法有多種意義。如稱八正道為八法、把「能造」者地水火風四大加上色香味觸之「所造」四微合為八法等。此處所說的「八法」當指利與無利、名聞與不名聞、議論與無議論、苦與樂等所謂「世間八法」，即常稱之為八風者（利、衰、毀、譽、稱、譏、苦、樂）。它們易使人陷於兩邊之爭，妨礙求道，故言要「離八法」。太賢對此八法解釋說，身無漏過是身無誤失，口無語罪是無有暴音，念無失念是無忘失念。離八法則是對其無不擇捨。羅漢由執世間八法專求自利捨利他事，菩薩遠離八法性故，一切法中捨者無種種想，於生死涅槃無差別想。他還認為，不能把「身無漏過」理解成離殺盜淫業、把「口無語罪」

理解成離妄語等四罪語、把「念無失念」理解成離貪離瞋及邪見故。因為此十惡在前面第二地中已永離故。❺常在三昧　即無不定之心。❻六品具足　即下文所說的欲具足、精進具足、念具足、慧具足、解脫具足、六通足。具足六品而得成下述六智。❼六足智　即六智，苦集滅道四聖諦之智再加上「法智」和「比智」（即類智），它們皆為無漏智。依此六智可以觀盡三界諸相之真，即依法智而觀欲界四諦之智，依比智而觀色界、無色界四諦之智。❽結習　或為煩惱習。結，即煩惱。習，即習氣。由於自己的思想或行為的生起，影響、熏習到自己的行為、心慣或心境，猶如香氣襲衣，故名之。鳩摩羅什譯《維摩詰所說經》卷中說，天女於維摩詰室中，以天花散諸菩薩，花皆墮地，至大弟子，便著而不墮。以結習未盡，故花著身。若結心已盡，則花不著身。僧肇在《注維摩詰經》卷六中說，習有兩種，一是結習，一是佛法中愛習。「得生法忍時，結心都盡，而未斷佛法愛習。亦云，法身菩薩雖有結習。以器淨故習氣不起也。」❾六道眾生　此句中，「六道眾生」表示眾生之見。❿十發趣人　有十發趣心者，即指地前菩薩，當成佛而未成者。十發趣心內容見前文所述。⓫見　知曉；洞察。《大正藏》本此處為「是」。⓬無漏無諸煩惱習故　《大正藏》本此處為「無漏無諸煩習故」。⓭六通足　即六種神通具足，六神通是定力之功，六通具足，即言定力不退。⓮神通道智　即一種具有不可思議神通功能的智慧。《大正藏》本此處為「神通智」。

【語　譯】佛弟子，成了菩薩，達此滿足體性地，就具有佛所獨具的十八種功德，此種功德是二乘及菩薩以及下地眾生所不共有的。其功德即是身無漏過、口無語罪、念無失念、遠離八法不受、以真如智能捨一切法、在一切行動中不離正定。達此滿足體性地中，則六種品德具足，並從這六種功德中生六足智。

達於此地，就能超脫三界一切結習煩惱，一切大願都能具足，此為欲具足。對於一切功德一切法門，都能精進以求、所求滿故，此為進心足。於一心中，能知一切諸法事，三世一切劫事，憶念一切眾生事，此為念心足。能了達真俗二諦相，知六道眾生之見、悟第一義諦，則為智慧足。能知地前菩薩，乃至一切佛，都已經遠離煩惱結習，是為解脫足。能知曉洞察一切眾生，能以智知他身、弟子和眾生性，知其心已無染、無漏無諸煩惱習，此為六通足。

若佛子入此六滿足明智中，便得起下述六種智慧之功用：

(1)〔為化度眾生身，〕能隨六道眾生心所想所至而示現無礙智慧之身；(2)向一切眾生大展辯才口說無量法門；(3)隨一切眾生心行而入三昧定中。有此身口意三善業之力，就會有如雨之花紛紛莊嚴十方虛空大地，能令眾生心有所行，性有所悟；(4)藉其智慧之力而得無量光明智具足，得見過去一切劫中佛出世，也能使眾生得見諸佛出世；(5)能以無著智見現在十方一切國土中的一切現在佛、一切眾生，知其心心所念所行；(6)能以具有不可思議神通功能的神通道智，得見未來一切劫中，一切未來佛出世。並能示現使一切眾生，從未來佛受道聽法。

佛子得住於未來佛的十八功德中，達於心心三昧。從而觀得，三界微塵等色，都是我故身；一切眾生，都是我父母。而今入此體性滿足地中，一切功德一切神光、一切佛所行法，乃至八地、九地中，一切法門品，皆得已領悟。能於一切佛國土中，示現作佛成道轉法輪之功德相，也能以神通示於眾生之諸佛入滅相，並轉教化他方、過去、來今的一切國土中，〔示現不可思議神通，教化眾生。〕

【說明】 菩薩達於此地，則能遠離結習，絕斷煩惱，性相齊具，功用兼備。

此段行文條目繁多，其基本邏輯結構是：首先從十八聖人智（身無漏過、口無語罪、念無失念、離八法、一切法中捨、常在三昧）而生六足智（欲具足、進心足、念心足、智能足、解脫足、六通足），再從此六足智而得六種智用（起智身、口辯說無量法門、隨一切眾生心行、大明智、無著智、神信道智）。

第八　體性佛吼地

若佛子，菩提薩埵，佛吼❶體性地，入法王位三昧❷，其智如佛❸，佛吼三昧故。十品大明空門，常現在前，華光音❹入心三昧。

其空慧❺者，謂內空❻慧門，外空❼慧門，有為空❽慧門，無為空❾慧門，性空❿慧門，無始空⓫慧門，第一義空⓬慧門，空空⓭慧門，空空復空慧門，空空復空空慧門⓮。如是十空門，下地⓯各所不知，虛空平等地不可說不可說⓰神通道智⓱。

以一念智⓲，知一切法分分別異，而入無量佛國土中。一一佛前諮受法，轉法度於一切眾生，而以法藥⓳施一切眾生，為大法師，為大導師。破壞四魔⓴，法身具足，化化入佛界㉑。是諸佛數㉒，是諸九地㉓、十地數中，長養法身，百千陀羅尼㉔門、百千三昧門、百千金剛門、百千神通門、百千解脫門。如是百千虛空平等門中，而大自在。

一念一時行，劫說非劫，非劫說劫；非道說道，道說非道；非六道眾生說六道眾生，六道眾生說非六道眾生；非佛說佛，佛說非佛。而入出㉕諸佛體性三昧中。

反照㉖、順照、逆照㉗、前照、後照、因照、果照、空照、有照㉘、第一中道義諦照㉙。是智惟八地所證，下地所不及。不動、不到、不出、不入、不生、不滅㉚。

是地法門品，無量無量，不可說不可說。今以略開地中百千分一毛頭許事。〈羅漢品〉中已明。

【注釋】❶佛吼　喻佛說法，如獅子吼，邪妄遠離，大眾無怖。此為喻，說明此地菩薩攝法為勝，教化眾生，無怖無畏。❷法王位三昧　法王，其義有二，一是指佛，因其能自在演化聖法、廣布眾生，為法門之主，故稱法王。《無量壽經》卷下：「佛為法王，尊超眾生，普為一切天人之師。」二是指菩薩，《大寶積經》卷九「密跡金剛力士會」說：「菩薩有四事，名曰法王。何謂為四？一曰不捨道心。二曰亦復勸化他人發意。三曰以諸德本勸助道心，所可聞者意廣無極。四曰一切釋梵及四天王其諸聲聞并緣覺地。至于無極無壞弘廣無窮之業，是為四事。」其定即名法王位三昧。❸如佛　此位菩薩其智似佛，雖有所說而於無相無功用住，故說如佛。❹華光音　華光，即蓮華所放之輝煌燦爛之光。佛經常以蓮華或華光來作比喻，以烘托佛或菩薩之神聖。華光音也即是一種輝宏美妙、沁人心脾之音。❺空慧　即識達了悟萬法實相之慧。與權智相反，這是一種真正的般若智慧，契合真理實相。❻內空　「內」即指眼、耳、鼻、舌、身、意六內處，佛子應了知六根之中，無我、我所，無根等之法，是為內空。❼外空　「外」即指聲、色、香、味、觸、法六外處，應了知外無我、我所，也無色等法，是為外空。❽有為空　其意是說，正因為一切有為法是因緣集起之「有為」，所以本性為空。❾無為空　無為法乃是非由造作而成，也即是涅槃的別稱，其也是空，不能執其為有。❿性空　即指諸法本性為空，不待你以空視之才為空。⓫無始空　或稱無際空、無限空。萬法因緣而生，緣盡即滅，所以世間萬法，雖假名為有，但實無始有，因無自性，無始有，從無始以來諸法皆空，故稱之為無始空。⓬第一義空　第一義即勝義，故又稱為勝義空，其意是指離諸萬法，別無勝義實相、自性之可得，不可執著於對第一義或中道實相，其本為空。⓭空空　佛教破執，不僅破除執於有，也破執於無、破著於空。因為諸法實相為空，如果不明自性，以空執之，即為執空。所以也要破除空執，是為空空。⓮空空復空慧門二句　空空復空、空空復空空，此兩句緊接上意，執著於有、執著於空、執著於空空、執著於非空空都是錯誤的，都是應當破除的。此處一段主要是徹底地破除「執」，破執有、執無、執有無、執無無。唯有如此，才能從智慧上達於佛智。通過破十執而成就十種智慧法門。⓯下地　即指下地菩薩。菩薩有十位，與功力更高之後位相比，前者為下位。此處當指體性佛吼地之前的七地菩薩。⓰不可說　中道空相之真理，只可證知體悟，而非言語所能詮釋，即不可說。⓱神通道智　《大正藏》本為「神通信智」。⓲一念智　通常稱為一切智，佛所有的三智之一，能知了一切法。⓳法藥　藥能治病救命，佛法如藥，救眾生於三界生死流轉、愚癡無明，故言法藥。⓴四魔　即煩惱魔（貪瞋癡等習氣能惱害身心）、五陰魔（色受想行識等五蘊能生一切之苦）、死魔（死亡能斷人之命根）、天魔（能壞人善事的天魔外道）。當泛指一切煩惱身心、妨礙聖智的愚癡妄見外道。㉑法身具足二句　《大正藏》本為「法身化化入佛界」。化化，即為眾生示現佛果。㉒數　此處即智慧的異名。㉓九地　地即眾生所住之處。此處指屬於欲界的五趣雜居地，屬於色界的離生喜樂地、定生喜樂地、離喜妙樂地、捨念清淨地四禪天，屬於無色界的空無邊處地、識無邊處地、無所有處地、非想非非想處地的四無色天。㉔陀羅尼　梵文的音譯，又譯為陀憐尼，其意為能持、總持。其本質是一種智慧的力量，或一種記憶方法，依之而能使無量聖法久住於己心而不失，故依因陀羅尼，而使正法不失、惡法不起。㉕入出　此處指因洞悉佛慧之真諦，對諸法之性觀照無礙，對其實相都能持以中道觀。㉖反照　觀照者以慧返照自身。㉗順照逆照　從諸法緣起正反順序上觀照。㉘空照有照　是從諸法之空有觀義上觀照。㉙第一中道義諦照　是以佛智之中道觀照。㉚不動不到不出不入不生不滅　離功用意為不動，伏染不起意為不到（倒），證悟諸法為空為不出，法空不續為不入，永不再受生死輪迴是為不生不滅。

【語　譯】佛弟子，成了菩薩，入此佛吼體性地，領悟如諸佛般的三昧，其智如佛一般，其入定之功力如獅子般無比殊勝。藉此定力，能得十品大明空慧之理常現眼前，感得輝宏美妙、沁人心脾之法音入心三昧。

其空慧者是：內空慧門、外空慧門、有為空慧門、無為空慧門、性空慧門、無始空慧門、第一義空慧門、空空慧門、空空復空慧門、空空復空空慧門。如此所說的十空門之奧義，下地菩薩均不知曉。在一切諸法存在之地，這種無限空慧只能是證得體悟，而不可能用有限的語言來詮釋如此神妙玄通之佛智。

菩薩既入此體性佛吼地，則就有了佛才有的「一切智」，依之能知一切法之分分別異，而得入無量佛國土中。得在一切諸佛前諮受請法，以說法度一切眾生，向一切眾生施以法藥救其於愚癡無明闇暗，故而能為眾生大法師、大導師。依之能使眾生不受四魔所壞、得法身具足，為眾生示現佛果而助入佛界。以諸佛之智慧，能於九地、十地中，以聖慧長養法身，以百千陀羅尼為持善遮惡之法門、以百千三昧門入定發智、以百千金剛門而得無敵之慧、以百千神通門而教化眾生、以百千解脫門使眾生得度。如是在百千無際虛空中，以諸平等法門，而得大自在、大神通，任運無礙。

有此佛智，則能於一念一行中遍行諸佛法門。〔由於知道時間並非實有〕，所以能說劫為非劫、非劫說劫，〔由於知曉道與非道本為不一不異，〕所以能說道為非道、非道為道，〔因為知道聖與凡本無區別，〕所以說六道眾生為非六道眾生、非六道眾生說為六道眾生，〔由於知道佛與非佛本為一體，〕所以可以非佛說佛、佛說非佛。如此，則就領悟了諸佛體性三昧之真義。

這樣則有了十種智照能力，它們是反照、順照、逆照，前照、後照，因照、果照、空照、有照、第一中道義諦照。諸種無礙觀照智慧惟在此八地才能所證，下地均所不及。〔諸菩薩，有上述之智，則有如下之智慧觀照功用〕：不動、不到、不出、不入、不生、不滅。

佛吼地之法門不可說盡。這裡僅僅以略開此地中無量法門之百千分一毛頭量。其法門在〈羅漢品〉中已有廣明。

【說　明】太賢在其《梵網經古迹記》中說第八地中有五種行：定行、慧行、（神）通行、說行、照行，內容分別見於本節的前五個自然段。先言慧後說行，實由於因慧發行、行慧相資；慧以行達，行以慧成。

此處論及十空慧門。佛教有所謂的十八空之說。即內空、外空、內外空、空空、大空、第一義空、有為空、無為空、畢竟空、無始空、散空、性空、自相空、諸法空、不可得空、無法空、有法空、無法有法空。此十八空，總攝三世間一切諸法及其生滅，佛教立此十八空即為破除十八有，為了破除種種此異執邪見。也有作十三空、十四空、十六空或二十一空等之說。因各本經典不同，其諸空之順序也有所不同。此處諸空之說也大都是集諸多本經論所成。此處「十空」即涵蓋上述所言十八空。「十空」之說即：內空、外空、內外空、有為空、無為空、散壞空、本性空、無際空、勝義空、空空。

第九　體性華嚴地

若佛子，菩提薩埵，佛華嚴體性❶地。以佛威儀，如來三昧自在王，王定，出入無時❷。於十方三千世界❸，百億日月，百億四天下，一時成佛轉法輪，乃至滅度❹。一切佛事，以一心中一時示現，一切眾生、一切色身❺、八十種好❻、三十二相❼，自在樂虛空同。無量大悲，光明相好莊嚴。非天、非人、非六道❽，一切法外而常行六道。現無量身、無量口、無量意，說無量法門，而能轉魔界入佛界，佛界入魔界。復轉一切見入佛見❾，佛見入一切見；佛性❿入眾生性⓫，眾生性入佛性。

其地光，光光照，慧慧照，明燄明燄，無畏無量，十力⓬、十八不共法⓭，解脫涅槃，無為一道清淨。

而以一切眾生作父母兄弟，為其說法。盡一切劫，得道果⓮。又現一切國土身⓯，為一切眾生相，視如父如母；天魔外道相，視如父如母。

住是地中，從生死際起，至金剛際，以一念心中現如是事，而能轉入無量眾生界。如是無量，略說如海一滴⓰。

【注釋】❶佛華嚴體性　具四無礙而得莊嚴行，故名佛華嚴體性。華，《大正藏》本為「花」。❷以佛威儀三句　自在，義有多種，此處為「觀境自在」和「作用自在」兩種。前者是說，菩薩因以正智慧照悟真如之境，通達一切諸法之圓融自在；後者是說，菩薩能以正智慧照了真如之境，即能由體起用，自在現身說法，無礙化度眾生。此句說了如來的兩種「定」，「現佛威儀定」和「說法自在定」。因此兩種「定」均是莊嚴無礙、自在圓融如王，故稱為「王王定」。❸十方三千世界　十方，四面八方加之上、下，是為十方。三千世界，即三千大千世界。本為印度古代的宇宙觀，後被佛教教義採用。該種觀點認為，以須彌山為中心，加上環繞其周的八山八海為一小世界，佛教認為它包含從色界之初禪天至地下之風輪，其範圍有日月、須彌山、四天王、三十三天、夜摩天、兜率天、樂變化天、他化自在天、梵天等。如此之一千個小世界構成了一個小千世界，一千個小千世界構成一個中千世界，一千個中千世界構成一個大千世界。《大正藏》本為「十方三千世界中」。❹滅度　即涅槃。其意是永滅因果、不受輪迴之苦，度脫欲、有、見、無明之暴流，又被譯為圓寂、入滅等。其涵義在佛教從小乘和大乘的發展中有所豐富，根本意思即為解脫。❺色身　即有形、質之身，對於人而言即指肉身，與此相反，如佛即為有智身。❻八十種好　指色身佛或菩薩所具足的、與常人不同的八十種相，又被稱為八十隨形好等，如指爪狹長、薄潤光潔、行步安平猶如牛王等。此八十種好只有佛或菩薩所具。❼三十二相　指佛之化身或色身相所展現的三十二種大人相。如，足下安平立相、長指相等。其三十二相的內容之說經論所言不盡一致。與八十種好僅為佛、菩薩所具不同，轉輪聖王也可具足三十二相。三十二相、八十種好，經常被合而簡稱之為「相好」。❽非天非人非六道　非天，即阿修羅，六道之一，因其有天福而無天德，似天而非天。非人，指非人類的天龍八部以及夜叉、惡鬼、阿修羅、地獄等。六道，即地獄、餓鬼、畜生、阿修羅、人、天。此處泛指一切眾生。❾一切見入佛見　一切見，此處指眾生之見解、俗見。佛見，佛之正知、正念。依佛見能夠了達諸法實相，了達生命之真諦，可以了脫生死苦海之輪迴，達於生登報彼岸。此處佛見意指達於如佛見一般的認識境界。❿佛性　或被稱為如來性、覺性等。其本意是指佛的本性，對於眾生而言又是成佛的可能性，或種子性。⓫眾生性　即眾生的本性，此處當指眾生之心被無明、愚癡所染、所障的眾生性。以大乘思想言之，眾生性也是如來藏性。⓬十力　其內容即是指如來所具的十種智力，或十神力。如來因證得聖智、了達諸法實相，故無有能敵。此十力是：處非處智力、業異熟智力、靜慮解脫等持等至智力、根上下智力、種種勝解智力、種種界智力、遍趣行智力、宿住隨念智力、死生智力、漏盡智力。另外，菩薩也有十力之說，其意是指在十迴向中，第九無縛無著解脫迴向位的菩薩所具足的十種功德，它們是深心力、增上深心力、方便力、智力、願力、行力、乘力、神變力（指遊戲神通力）、菩提力、轉法輪力。⓭十八不共法　不共，即唯佛或菩薩所獨有，而聲聞與緣覺乘者不具之意，簡言之，也即是佛、菩薩所獨具的十八種功德。⓮道果　即正果，依正法修行得佛慧菩提，而達究竟涅槃，是為道果。⓯又現一切國土身 《大正藏》本為「又現一切國土」。⓰滴 《大正藏》本為「渧」。

【語　譯】佛弟子，成了菩薩，若位於此佛華嚴體性地，則能以佛威儀，入諸佛如來三昧，而得體性行用自在，出定、入定任運自在。能於十方三千諸世界、百億日月、百億四天下等諸國土中，同時成佛為眾生轉法輪，直至到達最終解脫。諸佛一切所為，都能於此一心中向一切眾生示現，示現佛的一切色身相、八十種好相、三十二相，示現佛的虛空中的大自在，示現佛的無量大悲心和光明莊嚴好相。對於非天、非人、非六道等一切眾生都能常行六道之法，對其現無量身、無量口、無量意三輪功用之大自在金剛力。能說無量神通妙用法門，能把六道、非六道眾生轉從魔界入佛界，或從佛界轉入魔界。也能使一切非佛見轉為佛見，轉佛見入一切非佛見；轉佛性入眾生性，或轉眾生性入佛性。

在此體性華嚴地，慧光之體遍存一切處，智光無窮無盡，互融互照互攝，從而達無間解脫道，得無畏無量十力、十八不共法，得究竟解脫涅槃，了悟無為之法，獲勝義清淨。

這樣，就能視一切眾生為父母兄弟，慈心為其說法不輟，盡一切劫，令得道果。也能現身於一切國土，對一切眾生相者，視如父如母；對天魔外道相者，也能視如父如母。

住於佛華嚴地中，就能從生命的生死流轉，上達於金剛無畏智成，所有願行一心示現，下也能轉入無量眾生界。此種功德無量實不可說，略說僅僅如滄海一粟。

【說　明】內證必然外化。達於此地，菩薩功德與佛無二，性相與佛一如。

文中的十八不共法是說，諸佛：(1)身無失；(2)口無失；(3)念無失；(4)無異想；(5)無不定心；(6)無不知己捨；(7)欲無滅；(8)精進無滅；(9)念無滅；(10)慧無滅；(11)解脫無滅；(12)解脫智見無滅；(13)一切身業隨智慧行；(14)一切口業隨智慧行；(15)一切意業隨智慧行；(16)智慧知過去世無礙；(17)智慧知見未來世無礙；(18)智慧知現在世無礙。

另外，菩薩也有十八不共法。它們是：(1)行施不隨他教；(2)持戒不隨他教；(3)修忍不隨他教；(4)精進不隨他教；(5)靜慮不隨他教；(6)般若不隨他教；(7)行於攝事，能攝一切有情；(8)能解迴向；(9)令一切有情有所修行，又能示現於最上層而得出離；(10)不退大乘；(11)善能示現於生死涅槃；(12)雖現種種受生，而無所作；(13)具足十善身語意業；(14)能忍一切苦；(15)能示現一切世間所愛樂；(16)不忘一切智心；(17)受一切法王位時，以繒及水系灌其頂；(18)能不離諸佛眾法而示現悕求。

第十　體性入佛界地

若佛子，菩提薩多，入佛界❶體性地，其大慧空，空復空空復空❷。如虛空性、平等智❸，有如來性❹，十功德❺品具足。

空同一相，體性無為，神虛體一，法同法性，故名如來❻。應順四諦二諦❼，盡生死輪際，法養法身無二，是名應供❽。偏覆一切世界中一切事，正智、聖解脫智，知一切法有無，一切眾生根故，是正偏知。

明明修行，佛果時足故，是明行足。善逝，三世佛法，法同先佛，法佛❾，去時善善，來時善善，是名善善❿。是人行是上德，入世間中，教化眾生，使眾生解脫一切結縛，故名世間解脫⓫。是入⓬一切法上，入佛威神，形儀如佛，大士行處⓭，為世間解脫⓮。調順一切眾生，名為丈夫⓯。於天人中，教化一切眾生，諮受法言故，是天人師⓰。妙本無二，佛性玄覺，常常大滿，一切眾生禮拜故、尊敬故，是佛世尊⓱。一切世人，諮受奉教故，是佛地⓲。

是地中，一切聖人之所入處，故名佛界地。

【注釋】❶佛界　其意有二：一是指諸佛之境界，為「十界」之一；一是指佛國土。此處意為前者。❷空復空空復空　此處即是在「第八體性佛吼地」中所說的「十空門」中的第十空門「空空復空空」慧門。二乘者頑執於空、能見空而不能見不空、著於空，觀一切法悉皆空，但見空而不見不空。菩薩佛見空，兼見不空，視空為真空妙有，即中道空。佛智解空，視空也為空，故曰空復空。❸平等智　又稱為平等性智、灌頂智。為四無漏智（大圓鏡智、平等性智、妙觀察智和成所作智）心品之一，五智（法界體性智再加上四智，是為密教五智）之一。所謂平等智，即是一種能夠了知萬法事相、體悟到自體與眾生平等的智慧。只有了知眾生平等才能因此而發起一種對無量眾生的大慈大悲心，而不起癡、慢之心。平等智是一種因轉第七末那識有漏成無漏時所得之智慧。❹如來性　即佛性或覺性，即佛之本性，也即是眾生成佛的可能性。依《涅槃經》卷二五，佛性有六：常、淨、實、善、當見、真。❺十功德　此處功德意為一種「能力」，即佛或菩薩所具有的一種能夠破生死輪迴、達於涅槃而救度眾生的能力。由之可得功德無量，故又稱為功德。此十種功德為十地以上的菩薩所修。❻如來　佛的尊稱，佛的十個名號之一。不同的經論對此有不同的詮釋。如《長阿含經》卷二五說：「佛於初夜成最正覺及末後夜，於其中間有所言說盡皆如實，故名如來。復次，如來所說如事，事如所說，故名如來。」或言，佛陀因乘真諦正道而來，其示現真如之法，故名如來。❼四諦二諦　諦即真實不虛之理。四諦，或四聖諦，即原始佛教中的「苦集滅道」之義。這是佛教用來說明宇宙人生之理的歸納。其見於《中阿含經》卷七。二諦，即真諦與俗諦，真諦又稱為第一義諦，即出世間的真理，俗諦即世間的真理。佛教自稱其為真諦。❽應供　簡稱為應，音譯為阿羅漢，為佛的十號之一。其意指斷盡三界見惑及一切煩惱，證得盡智，智滿德圓，應受人天供養之聖者。阿羅漢果，位通二乘，其義廣狹兩分，一般解其為狹義中小乘修行的最高果。❾法佛　《大正藏》本為「去佛」。❿善善　《大正藏》本為「是名善逝」。諸佛所弘佛法同於先佛。佛去世時多有所益，為去時善善；來現世時亦有所益，言來時善善。⓫世閒解脫　明了因緣果報，了知第一義諦，眾生即可當下解脫，故為世間解脫。⓬是入　意為「了悟」。《大正藏》本為「是人」。⓭大士行處　大士，此處指佛。行處，意為觀心修行、威儀世間、如佛一般。⓮為世間解脫　《大正藏》本此處為「……為世間解脫，名無上士。」⓯丈夫　原意為成年男子，或是諸根圓具之男子。因為佛身具有三十相，為人中之雄，故稱。也被稱為「大丈夫」。如北本《涅槃經》卷三三即有「如佛如來……亦名大丈夫」。⓰天人師　或為天人教師，為佛的十號之一。謂佛因其慈悲為懷、了達實相，向一切眾生示現應作或不應作、示現真諦，以使眾生離卻煩惱，得度解脫，是故稱為天人師。⓱世尊　其意為富有眾德、威德而為尊貴，為佛的十大名號之一。⓲佛地　指一切種智等諸佛之法完全具備之位。十地之一，也為其最高、最勝者。十地是：乾慧地、性地、八人地、見地、薄地、離欲地、已作地、辟支佛地、菩薩地、佛地。

【語　譯】佛弟子，成了菩薩，入此佛界體性地，其所得大慧本為解空之慧，此種解空之慧能於空中見不空、不空中見空，不僅能以空觀有，也能以真如之慧視「空」也為空，即是空復空空復空。以此空智對諸法平等一觀，即可洞悉諸法之湛然空寂性。此種平等觀空之智即是如來的平等智，具足十功德品。

一是能夠識達此清淨法界，均是無為空同一相。認識諸佛法身也是寂靜無為，同以真如之性為體。一切事法泯同，因此法性無所去來，故名如來。智應順境，智境合一，通達四諦二諦，超越生死輪際，法與法身無二，以正法為養，是名應供。遍覆一切世間及其中的一切事，以正智聖智遍知諸法真如實相、明其有無之真諦、無有染著，了知十方世界一切眾生之根性，是故名為徧知。以修養智、以智增行，智行圓滿佛果具足，為行足善逝。諸佛之法與先佛所弘一如，法佛一體，佛去世時多有所益，來現世時亦有所益，是名善善。有如此功德，就能入世間中，教化眾生，使眾生解脫一切煩惱結縛，故名世間解脫。在一切眾生中，佛為無上，故為「無上士」，能了悟一切聖法，有佛威神，形儀如佛，與佛有著相同的修觀入定之行，此為世間解脫。能以聖法調順一切眾生煩惱心結，名為丈夫。於天趣和人趣中，教化一切眾生，為其諮受法言，故為天人師。諸佛法身真妙無二，佛性玄覺、智性恆在，智德大滿，受一切眾生禮拜、尊敬，故又為佛世尊。一切世間有情，諮受奉教歡喜領受，具於佛位，故是佛地。

此地是一切聖人之所願達之處，故名佛界地。

【說明】此節說佛的功德名號，用以說明菩薩也具有如佛一般的體性功用，最終已達佛果。

爾時，坐寶蓮華上，一切與授記歡喜，法身手摩其頂。同見❶、同學菩薩，異口同音，讚歎無二。又有百千億世界中，一切佛、一切菩薩，一時雲集，請轉不可說法輪、虛空藏化導法門❷。是地有不可說奇妙法門品，奇妙三明❸、三昧法門、陀羅尼門，非下地凡夫❹心識所知。惟佛佛無量身、口、心、意，可盡其源。

如〈光音天品〉中，說十無畏❺，與佛同道。

【注釋】❶同見　六和敬之一。即佛教所提倡的在求菩提大道、發心梵行的人之間要互相友愛、敬重的六種事：身和敬、口和敬、意和敬、戒和敬、見和敬以及利和敬。大乘佛教認為，在菩薩與眾生間也要互相敬和。「見和敬」即是在對無上聖智聖法的見解上的和與敬。與同學、同修意同。❷虛空藏化導法門　意即佛法。虛空藏，即所轉法輪。化導，即教化；示導。❸三明　三明的意思有多種，此處指為菩薩明、諸佛明、無明明。據北本《涅槃經》卷一八，菩薩明即般若波羅蜜，諸佛明即佛眼，無明明意為畢竟空。❹下地凡夫　下地，其意有多種，如欲界、色界和無色界之分為九地，其境界低劣者即為下地；十地菩薩中之位低者，也為下地；從空間上言之，與上天相對而有下地之說。此處「下地」即有前述二種義。凡夫者，其意為凡庸之人。佛教常用其來說明慧根低劣、難悟聖諦之階位淺者。下地凡夫，即泛指缺少慧根、難悟佛慧者。❺十無畏　或稱為十種無畏，乃為處於十迴向中第十迴向法界無量位的菩薩所具有的十種功德。它們是：聞持無畏（菩薩對一切微妙難解之理，均能解答）、辯才無畏（菩薩得於如來灌頂之辯才，能答辯一切問難）、二空無畏（菩薩了悟諸法實相，離諸邪見而得無畏）、威儀無缺無畏（依佛所護，菩薩得具如來之威儀）、三業無過無畏（菩薩三業清淨，無可苛責，故必得於無畏）、外護無畏（能得諸善神護衛，無畏邪魔障礙）、正念無畏（住於正信、受持正法而得無畏）、方便無畏（依大悲心而示現生死之法而無貪著）、一切智心無畏（菩薩能住於一切智，示現二乘威儀而無有二乘之所畏）、具行無畏（隨順度眾，示現如來之境而不斷菩薩願行）。

【語　譯】此時，盧舍那佛坐在寶蓮華座上，滿心歡喜為一切眾生授記，以法身之手摩眾生之頂。同見、同學諸菩薩，異口同音，一致歡喜讚歎。同時，在百千億世界中，一切佛、一切菩薩也都雲集，請轉不可說無量功德法輪和化導眾生的佛法。蓮華臺藏世界有無量不可說的奇妙法門品，如奇妙三明、三昧法門、陀羅尼門，此種法門功德並非下地凡夫之心識所能想像、所能理解。惟藉千佛無量身、口、心、意之弘演、示現，方可深盡其源。

正如〈光音天品〉中所說，聽佛演說十無畏意後，眾生則達佛一般的智慧。

【說　明】說完此心地法門，盧舍那佛即示現其無量功德，使諸菩薩領略佛地的不可思議境界，以固其信心。

爾時，盧舍那佛為此大眾略開百千恆河沙❶、不可說法門中心地，如毛頭許❷。是過去一切佛已說，未來佛當說，現在佛今說。三世菩薩❸已學、當學、今學。我已百劫修行是心地，號吾為盧舍那。汝諸佛子❹，轉❺我所說，與一切眾生，開心地道。

時蓮華臺藏世界，赫赫天光。師子座上，盧舍那佛放光。光告千華上佛，持我〈心地法門品〉而去，復轉為千百億釋迦及一切眾生，次第說我上〈心地法門品〉。汝等受持、讀誦，一心而行。

爾時，千華上佛、千百億釋迦，從蓮華藏世界赫赫師子座起，各各辭退，舉身放不可思議光，光光❻皆化無量佛。一時以無量青黃赤白華，供養盧舍那佛。受持上所說〈心地法門品〉竟，各各從此蓮華臺藏世界而沒，沒已入體性虛空華光三昧，還本源世界。

閻浮提菩提樹下，從體性虛空華光三昧出。出已，方坐金剛千光王座，及妙光堂，說十世界❼法門海。復從座起至帝釋宮❽，說十住❾。復從座起至燄天❿中，說十行⓫。復從座起，至第四天⓬中，說十迴向。復從座起，至化樂天⑬，說十禪定⑭。復從座起，至他化天⑮，說十地。復至一禪中，說十金剛。復至二禪中，說十忍⑯。復至三禪中，說十願。復至四禪中，摩醯首羅天王宮，說我本源蓮華藏世界。盧舍那佛所說〈心地法門品〉。其餘千百億釋迦，亦復如是，無二無別。

如〈賢劫品〉中說。

【注釋】❶恆河沙　恆河(the Ganges River)，為南亞最長的一條河流，全長二千五百八十公里，流域面積為九十・五萬平方公里，流經印度和孟加拉，注入孟加拉灣。恆河兩岸孕育了古印度的文明和宗教，故被喻為印度文明的母親河。佛教經論中，常用恆河沙來比喻量的巨大不可數，又作恆邊沙、恆沙。如《金剛經》語：「若有善男子、善女人，初日分以恆河沙等身布施，中日分復以恆河沙等身布施，後日分以恆河沙等身布施……」等等。金陵刻經處本將本節放入上卷，而《大正藏》本將此列入下卷。❷毛頭許　佛教經典中常用的比喻，形容數量之極少或微不足道。❸三世菩薩　與佛相類，菩薩也因三世之異而分其為三：過去世菩薩、現在世菩薩和將來世菩薩。❹汝諸佛子　《大正藏》本為「汝諸佛」。❺轉　弘演、傳布、示說之意，即佛陀所常說的轉法輪之意。❻光光　《大正藏》本為「光」。❼十世界　此處意思當為華藏世界海中十方無量諸種世界所攝的世界。❽帝釋宮　為帝釋天之宮殿。帝釋天，又被依音簡譯為「釋提恆因」或「釋迦提婆」，本為印度教中一神名，後被佛教吸收成為與梵天一樣的護法十二天神之一，其宮殿在須彌山頂的忉利天。帝釋天及十二天的形象在佛教經典中經常出現，如《雜阿含經》卷四〇、《長阿含經》卷二〇、北本《涅槃經》卷三三中都有其形象或事跡出現。十二天各司一方，其與八方、上下、日月相應，其具體如下：八方天為：東方：帝釋天；東南：火天；南方：焰摩天；西南：羅剎天；西方：水天；西北：風天；北方：多聞天；東北：伊舍那天。上下天為：上方：梵天；下方：地天。日月天為：日天（阿況底耶）；月天（戰奈羅）。❾十住　菩薩五十二位修行中，第二個十位名十住。因為此時信心已立，就能住佛地。❿燄天　即燄摩天或夜摩天，又譯為善時等。欲界六天（四天王天、忉利天、燄摩天、兜率天、樂變化天、他化自在天）之第三重天。此天離大海十六萬由旬，距其上方兜率天亦十六萬由旬。以人間二百年為一晝夜，其定壽二千歲，常受快樂。⓫十行　菩薩五十二位之第三個十位稱為十行。因菩薩經過十信十住，已成佛子，要以長養利他功行，故名十行。即：歡喜行、饒益行、無瞋恨行、無盡行、離癡亂行、善現行、無著行、尊重行、善法行、真實行。⓬第四天　天，即天上、天道、天界。「天」的涵義有兩種，一是指迷界之五趣或六趣中的最高之有情眾生，一是指與如此之眾生對應的所處世界。以不同的標準、從不同的角度而言，「天」的涵義有多種。如四大王眾天、三十三天、二天、四天、八天、十二天、十六天、二十八天（欲界六天、色界十八天、無色界四天）等。第四天，即四禪天之一。所謂「禪天」，即因修習禪定而得果報的色界天，或居於第四禪天中的眾生，此處主要指眾生所居之處所的色界天。⓭化樂天　或化自在天，樂變化天，化自樂天等。六欲天中之第五天，因其眾生能自化五塵而自得其樂，故名之。化樂天以人間八百歲為一日夜，眾生壽長達八千歲。⓮十禪定　禪定之十種階段：(1)出家清淨禪；(2)近善知識清淨禪；(3)阿蘭若處禪；(4)離戲論憒鬧禪；(5)身心柔軟禪；(6)智慧寂靜一切音聲禪；(7)七覺八道禪；(8)離味著觸煩惱禪；(9)通明清淨禪；(10)內智方便遊戲神通禪。此處說的是大禪定內容。⓯他化天　即他化自在天，或稱為他化樂天，又被稱為化他天，為欲界第六天。《大智度論》卷九說此天眾生，「奪他所化而自娛樂，故言他化自在。」此天為是欲界之主，和色界的摩醯首羅天王一樣，毀壞正法，令修行者不得成就出世善根，故名之為他化自在天子魔。也稱為四魔（蘊魔、煩惱魔、死魔和天魔）中之一魔的天魔（外魔）。⓰十忍　此處指菩薩斷除無明之惑、得證真如實性後，得到的十種安心果報。它們是：音聲忍、順忍、無生法忍、如幻忍、如燄忍、如夢忍、如響忍、如電忍、如化忍、如虛空忍。

【語　譯】佛法有百千恆河沙之量的、不可說不可說法門的心地品，爾時，盧舍那佛為此世界大眾略說僅如一毛頭許而已。這是過去一切佛已說過，未來佛就當說，現在佛正在說的。三世菩薩也已學、今學和將要學。我修行此心地法門已達百劫之久，故號吾為盧舍那。汝諸佛子，應當廣為傳布我所說的〈心地法門品〉，教化一切眾生，促其達於聖智、入此心地法門道中。

此時，蓮華臺藏世界，赫赫天光。師子座上，盧舍那佛身放慧光，光告千萬蓮華上諸佛：要持我〈心地法門品〉而去，把其傳向千百億釋迦及一切眾生，次第弘演此無上〈心地法門品〉。你們要受持、讀誦不懈，一心而行。

爾時，千萬蓮華上諸佛、千百億釋迦皆從蓮華藏世界，赫赫師子座站起，各各辭退，渾身都放著不可思議光，光光都無量佛，一時都以無量青黃赤白之華，供養盧舍那佛。諸佛受持所說〈心地法門品〉竟，各各從此蓮華臺藏世界而消失，入於體性虛空華光三昧中，各還其本源世界。

在閻浮提洲之菩提樹下，釋迦牟尼佛從體性虛空華光三昧出現，然後坐在金剛千光王座上，以及不可思議妙光堂中，說十世界量的法門。然後又從千剛王座起，至帝釋宮，說十住法門。然後又從此座起，至第三層之夜摩天中，說十行。復從座起，至第四天中，說十迴向心。又復從座起，至第五重天化樂天中，說十禪定。復從座起，至欲界第六天他化自在天中，說十地。復至一禪天中說十金剛心，至二禪天中說十忍，至三禪天中說十願心，復至四禪天摩醯首羅天王宮中，說我之本源蓮華臺藏世界。盧舍那佛在一切世界廣說〈心地法門品〉。其餘千百億釋迦，亦復如是，無二無別化被一切世界，向一切眾生廣布此心地法門。

這已在〈賢劫品〉中詳說。

【說　明】菩薩得盧舍那佛授記，都獲無量不可思議神力和不可思議法門，並以之在一切世界廣化一切眾生。

另外經文中所提四天，其色界四天為：初禪天、第二禪天、第三禪天和第四禪天。（參見《俱舍論》卷八、二八）。四天之區別如下：

初禪天	第二禪天	第三禪天	第四禪天
三天	三天	三天	八天
不食人間煙火，無鼻舌識，有因應眼耳身意識而起喜樂二受和尋、伺思維能力。	五識已無，尋伺思維亦無，唯有意識，以及與之相應的喜捨（非苦非樂）二受。	唯有意識，與樂受、捨受相應。	唯有與樂受、捨受相應的意識活動與。

附：

(1)菩薩階位對照表（採用《佛光大辭典》第六冊，第五二二三頁之對照表而成）：

《瓔珞經》	《仁王經》	《梵網經》	《華嚴經》	《首楞嚴經》	《成唯識論》	《攝大乘論》	《菩薩地持經》

五十二位	五十一位	四十位	四十一位	五十七位	五位	四位	十三位

(2)《梵網經》上卷菩薩四十位表：

十發趣心	捨心	戒心	忍心	進心	定心	慧心	願心	護心	喜心	頂心
十長養心	慈心	悲心	喜心	捨心	施心	好語心	益心	同心	定心	慧心
十金剛心	信心	念心	迴向心	達心	直心	不退心	大乘心	無相心	慧心	不壞心
十地	體性平等地	體性善慧地	體性光明地	體性爾焰地	體性慧照地	體性華光地	體性滿足地	體性佛吼地	體性華嚴地	體性入佛界地

卷下

梵網經菩薩戒序❶

諸佛子等，合掌至心聽，我今欲說諸佛大戒序。眾集默然聽，自知有罪當懺悔❷，懺悔即安樂，不懺悔罪益深。無罪者默然，默然故，當知眾清淨。

諸大德、優婆塞、優婆夷❸等諦聽，佛滅度後於像法❹中，應當尊敬波羅提木叉❺，波羅提木叉者即是此戒。持此戒時如暗遇明，如貧得寶，如病得差，如因繫出獄，如遠行者得歸。當知，此則是眾等大師，若佛住世無異此也❻。怖心難生，善❼心難發。故經云：「勿輕小罪以為無殃，水滴雖微漸盈大器❽。」剎那造罪殃墮無間，一失人身萬劫不復。壯色不停猶如奔馬，人命無常過於山水，今日雖存明亦難保。眾等各各一心勤修精進，慎勿懈怠懶惰睡眠縱意。夜即攝心存念三寶，莫以空過徒設疲勞後代深悔。眾等各各一心謹依此戒，如法修行應當學。

【注釋】❶梵網經菩薩戒序　選自《大正藏》本，金陵刻經處本無此序。❷懺悔　懺悔之法即是在佛、菩薩或師長、僧眾面前，追悔謝罪，以其能達到滅罪障、消惡業之目的。懺悔之法的應用，體現了佛教律法救人之寬容精神，更體現了佛教對治「心」作用的認同與重視。懺，本意為「忍」，意即求他人忍受自己之過錯；悔，意為追悔和悔改之意。❸優婆塞優婆夷　優婆塞，梵語的音譯，其意為清信士、近事男等，為在家崇敬三寶、稟受五戒的男居士。優婆夷也為梵語的音譯，其意為清信女、近事女等，是在家恭敬三寶、稟受五戒的女居士。與比丘、比丘尼合稱四眾弟子，加上沙彌、沙彌尼和學法女又稱為七眾弟子。❹像法　佛教把佛法住世分為三個時期：正法時期、像法時期和末法時期。初者，佛雖滅度，但法儀未改，有教，有行，有證果者，是名正法時期，此過程為五百年；像法時期，像者即似，在此時期，有教，有行，但證果的人已經很少了，只是像佛法的時代；末法時期，末者即微，此時有教而無行，更無證果者。❺波羅提木叉　梵語的音譯，意為別解脫或隨順解脫等，指七眾弟子為清淨修行、防非止惡而持守的戒律。❻若佛住世無異此也　《佛遺教經》有佛云：「當知此則是汝大師，若我住世無異也。」❼善　原文為「善」，顯然應為「惡」字。❽勿輕小罪以為無殃二句　此處幾句見諸許多經典或從典中變化而來。如「勿輕小罪以為無殃，水滴雖微漸盈大器」在北本《涅槃經》卷一五和《出曜經》卷一八等經中都有。

【語　譯】諸位發心修佛乘者，合掌恭敬仔細諦聽，我現在要說大乘佛戒序。諸位坐下靜默聆聽，自己思忖是否有罪。若有罪，當懺悔，懺悔即得身心安樂；如不懺悔，其罪愈發加重。無罪者默然諦聽，如默然，我當知大眾皆持戒清淨。

諸位高僧大德、優婆塞和優婆夷等仔細聽。佛滅度後的今天，我們處於像法時期，所以更應當尊敬波羅提木叉。波羅提木叉者即是此大乘菩薩戒。修大乘菩薩行者，如持此戒，則如暗遇明，如貧得寶，如病得醫，也如囚繫出獄獲得自由，也似遠行者回歸家中重享天倫。

諸佛子當知，此波羅提木叉是眾等大師。受持此戒，與我佛住世、隨佛聽習無異。受持此戒，怖心不生惡心難發。所以經云：「不要以為小的過失和違戒不會得到惡業，因為水滴雖微，假以時日，也能裝滿大器。」以致剎那間造罪，而遭墮無間地獄。偶一過失和違戒必遭果報，最終則為萬劫不復。諸法萬物變遷不停猶如奔馬，人命無常如白駒過隙，今日雖存明日難保。人生無常，所以眾生應當一心勤修精進，慎勿懈怠懶惰睡眠縱意，夜裡也即攝心存念，不忘三寶。不要虛渡光陰，最後只得留下疲勞和懊惱悔恨。所以，大眾應各各一心如法修行，持戒光潔。

【說　明】《佛遺教經》中說：「戒是正順解脫之本，故名波羅提木叉。依因此戒，得出諸禪定及滅苦智慧。」「實智慧者，則是度老病死海堅牢船也，亦是無時黑闇大明燈也，一切病者之良藥也，伐煩惱樹之利斧也。」修佛持戒乃成道之本，故《華嚴經》說「戒為無上菩提本」。經中說「勿輕小罪以為無殃，水滴雖微漸盈大器」，中國古人也有「莫以善小而不為，莫以惡小而為之」之語，都說出了小惡之成大患。因此，戒為梵行之初階，須臾難離也。

菩薩心地品之下

爾時，釋迦牟尼佛從初現蓮華藏世界，東方來入天宮❶中，說《魔受化經》❷已。下生南閻浮提、迦夷羅衛國❸。母名摩耶❹，父字白淨❺，吾名悉達❻。七歲出家❼，三十成道❽，號吾為釋迦牟尼佛。於寂滅道場❾，坐金剛華光王座，乃至摩醯首羅天王宮，其中次第十住處所說。

【注釋】❶天宮　此處即指摩醯首羅天王宮。❷魔受化經　內容不詳，《大正藏》第十九冊中有〈釋迦牟尼佛成道在菩提樹降魔讚〉也許與其有關。❸迦夷羅衛國　別譯為迦毘羅衛、劫比羅伐窣堵等，意為黃赤城、妙德城，古印度的一個土邦國家之一，為憍薩羅國之屬國，位置在今天的尼泊爾境內的泰來地區。為釋迦族的國家，乃佛陀出生之地。道宣《釋迦方志》言該國「周三千五百里，西臨信度河。大城周十四五里。」今人認為，迦夷羅衛國可能僅僅是一個不大的城邦國家。❹摩耶　佛陀之母，或稱為摩訶摩耶，其意為大幻化、大妙。為迦夷羅衛國鄰國天臂城主的女兒，淨飯王之妃。依時俗，摩耶夫人臨產前回娘家待產，後生佛陀於藍毘尼園。生下佛陀七日後逝世，佛陀遂由其姨母大愛道（音譯：摩訶波闍波提）撫育成人。❺白淨　或稱為白淨王、真淨王、淨飯王，又音譯為首圖馱那、輸頭檀那等。五印時期，迦夷羅衛城國之主，佛陀之父。❻悉達　即悉達多，又音譯作薩婆悉達多、悉多等。其意為一切事成、財吉、驗事，是佛陀為太子時之名。❼七歲出家　即出家七年。對於佛陀出家的時間，一說是十九歲，一說是二十九歲。在早期的經典中，佛陀自說是二十九歲出家，三十五歲成道，是故求道遊歷的時間為七年。對於十九歲出家之說，其遊歷的時間為十二年（參見池田大作《我的釋尊觀》，潘桂明譯，單廣培校，四川人民出版社，一九九三，第二〇頁）。❽三十成道　佛陀少時曾從迦夷羅衛城之四門分別見到了老、病、死等悲慘，隨感人生之苦，即有出家修道、以救眾生於水火之中的大志。遂於十九歲那年（也有經典云其二十九歲）夜出王宮。與當時的社會思潮與傾向一致，起初佛陀以苦行修道為始。後感即便形體枯瘦、心身疲憊，也未能成道，也未能了達世界人生之真諦，隨放棄苦行。在尼連禪河沐浴、並接受了牧牛女的乳糜供養恢復體力之後，即跏趺坐於畢缽羅（菩提樹）樹下，靜思人生解脫之道。四十九日後，於十二月初八日破曉，豁然開朗，了悟人生，當年佛陀乃三十歲（有說為三十五歲）。後即開始其傳道生涯。❾寂滅道場　又略稱作寂滅場、寂場。寂滅為出世間法，演說寂滅之真義為佛陀教化眾生的目的。所以說寂滅道場即指佛說法之處，也即阿蘭若法菩提場。這裡指位於中印度摩揭陀國伽耶城南菩提樹下之金剛座，為釋尊成道之處。

【語　譯】此時，釋迦牟尼佛初現於蓮華藏世界，聆聽秉受了千百億釋迦說完菩薩心地法門後，便離此世界向東而行，來到摩醯首羅天王宮中與大自在天王說《魔受化經》，使其捨卻我執我慢。然後，便下生於塵世，來到了南閻浮提，以肉身形象出生於迦夷羅衛國。母親名摩耶，父親名白淨，自己的名字被稱為悉達。出家後修道遊歷了七年之久，於三十歲成就佛道，號為釋迦牟尼佛。此後，或在阿蘭若道場坐金剛華光王座為眾生說法，或至摩醯首羅天王宮中為眾天神說法。十個道場，逐次演說不已。

【說明】上卷是千釋迦及千百億釋迦在無量諸世界聽盧舍那佛演說〈心地法門品〉，本卷是釋迦牟尼佛於此世界演說〈心地法門品〉。

時，佛觀諸大梵天王，網羅幢因，為說無量世界猶如網孔。一一世界，各各不同，別異無量。佛教門亦復如是。吾今來此世界八千返❶，為此娑婆世界❷，坐金剛華光王座，乃至摩醯首羅天王宮。為是中一切大眾，略開〈心地法門〉竟。

【注釋】❶今來此世界八千返　雖然釋迦早已成佛，住於無上涅槃之境，但為救渡此娑婆世界的無量眾生而又重回於此，向眾生示現成佛之道。如是者八千次。言其而顯釋迦佛的慈悲之心。❷娑婆世界　娑婆，又音譯為沙河、索訶等，其意為能忍、堪忍等。娑婆世界，其意為百億須彌山所構成之世界。其娑婆世界大都指現實我人之眾生所居世界，此世界人生於苦海煩惱之中而不能自拔、出離，佛陀正是在此世界中教化眾生。道宣《釋迦方志》卷上〈封疆篇〉對此即有如下解釋：「佛之所王土也，號曰索訶世界，經中所謂忍土者也。謂此土人強識力念能忍苦樂，堪任道器，故佛王之。案此封疆週輪鐵山，山外是空，空不可測。山下是地，地下是金，金下是水，水下是風……自風以外，皆是虛空。」

【語譯】佛說法時，看到大梵天王宮中網羅重重，便生動地說，每一網幢都有無量孔，但孔孔卻有不同。一華藏也有無量世界，界界也各不同。同樣，諸佛所說教門，亦復如是，佛佛教風，亦各有不同。我以廣大慈悲之心，來此娑婆世界，坐於金剛華光王座，向眾生示現成佛之道，前後已有了八千次。每次成佛，即上達於四天王宮中，諸次第為諸部天神直至首羅天，開示此〈心地法門品〉。

【說　明】佛陀說法，法門無量。佛因觀大梵天王網羅幢幢，而藉物說法。一網有孔無量，孔孔各有不同；一華藏有無量世界，各各有所不同。諸佛教門均出於一佛，但千佛演說各有不同。佛法本在於心，心無量則法無量，佛也無量。這不禁使人想起法藏弘演華嚴深義而以金師子為比的經典之喻也。

復從天王宮，下至閻浮提❶菩提樹下，為此地上一切眾生、凡夫、癡闇❷之人，說我本盧舍那佛心地中。初發心中，常所誦一戒❸。光明金剛寶戒❹，是一切佛本源，一切菩薩本源，佛性種子❺。一切眾生皆有佛性❻。一切意、識、色、心，是情是心❼，皆入佛性戒❽中。當當❾常有因故，當當常住法身❿。如是十波羅提木叉，出於世界，是法戒。是三世一切眾生，頂戴受持。吾今當為此大眾，重說十無盡藏戒品。是一切眾生戒本源，自性清淨⓫。

【注　釋】❶閻浮提　或譯為閻浮、瞻部提、閻浮洲等。閻浮，本樹名，《長阿含經》卷二二說閻浮樹「其果如蕈，其味如蜜，樹有五大孤，四面四孤，上有一孤。」閻浮洲的本意即是盛產閻浮樹的國度。在許多地方，所謂的「閻浮提」即指當時的印度，如龍樹在其《五明論》卷上中即如是說：「如來滅後一百餘年，有王名阿諭伽，亦名阿育王，王閻浮提。」依佛教的宇宙觀，閻浮洲位於以須彌山為中心的小世界之南部，故又稱為南閻浮洲，下有金山，高三十由旬。❷癡闇　癡，即愚癡，頑執於有我、有法之人。闇，即暗，形容人的愚昧無知。《晉書》卷九六〈列女傳〉之〈周顗母李氏傳〉即有「名重而識暗」之句。因為不達佛智而無以能知世界和人生之真諦者，心中迷茫暗淡，無明愚癡，猶如天中無日一般。❸一戒　即佛戒。佛戒無量，其本為一，故曰常所誦一戒。❹金剛寶戒　戒法如金剛一樣不壞，如金剛一樣銳利無比、所向無敵，能斷除一切煩惱、迷癡和貪瞋。此處「金剛寶戒」指佛言說的大乘菩薩戒。❺種子　戒猶如種子一般能生長佛性，雖然眾生均有佛性，但無戒而不得顯成，只有戒可以使其種子萌發。即依種子而起現行，成就金剛佛戒，現行熏習種子而成於佛性。❻一切眾生皆有佛性　眾生，其另一常見的譯名為「有情」或「含識」、「群生」等。在其基本意義上而言，眾生即指迷界苦海中的一切有情、芸芸有性識的生物。佛性，在不同的經典又稱其為「如來性」等。其本義即是佛之本性或佛種，對於眾生而言，佛性即是指成佛的「因性」或「可能性」。佛教認為一切眾生均有佛性，故都能成佛。❼是情是心　情，指眾生於五蓋十纏中之妄見、妄識、妄執。心，即指色心、五蘊（色、受、想、行、識）。此處均為眾生之凡心。❽佛性戒　也即為大乘戒。因為一切眾生均具佛性。因有佛性故，而得離一切諸過。隨順此佛性而得制戒，得持戒而行。反之亦然，因為依之而行，佛性得以顯現，故名之為「佛性戒」。❾當當　此時此地之意。❿常住法身　意為證得的不生不滅的清淨佛果。常住，意是指綿延三世時空不絕、恆常存在不變不易之性。《大正藏》本此句為「有當當常住法身」。⓫自性清淨　指遠離因惡行所導致的一切煩惱與過失的如法而行。遠離汙穢、滅除煩惱的無垢心，是為清淨心。佛教認為清淨是為自性清淨，即心性本淨，無有染汙。

即使是一切眾生之煩惱未盡的本性中，也有著自性清淨心，這也即是如來藏。

【語　譯】然後，釋迦牟尼佛又從天王宮，下至閻浮提此菩提樹下，為此地上一切眾生、凡夫、癡闇之人，說我本盧舍那佛心地法門。盧舍那佛初發心修道時，常誦持的即是〔我馬上要開示的〕佛戒。因為佛戒如金剛一般銳利，能了卻諸惡、斷除無明。因為佛戒是三世諸佛之本源，是一切菩薩之本源，是成就佛性的種子。只有信守佛戒才可達於智慧人生。佛子當知，一切眾生皆有佛性，所以眾生的一切意、識、色、心，都能入於佛性戒中而成就佛性。果若如此，則能以之為因成就常住法身。所以佛才制此十戒以作為出塵世之法。三世一切眾生理當頂戴受持。所以，現在我才為汝大眾生說十無盡藏戒品。因為眾生持此戒，得見自性本源，始得清淨自性。

【說　明】雖然人人具有佛性，但此佛性為愚癡無明所染所障。發明佛性即要依戒而行。因為戒能治心，心淨則慧生，慧生則佛性得長。故持戒清淨方成佛本源。

在佛教經典中，以閻浮提洲指人間世界。依《長阿含經》卷一八，茲表列如下：

地名	位於須彌山	國土所成	作用	國土形狀與面積
鬱單曰	北	天金所成	光照北方	其土正方，縱廣一萬由旬
弗於逮	東	天銀所成	光照東方	其土正圓，縱廣九千由旬
俱耶尼	西	天水精所成	光照西方	形如半月，縱廣八千由旬
閻浮提	南	天琉璃所成	光照南方	南狹北廣，縱廣七千由旬

我今盧舍那[1]，方坐蓮華臺。周帀千華上，復現千釋迦。

一華百億國，一國一釋迦。各坐菩提樹，一時成佛道。

如是千百億，盧舍那本身。千百億釋迦，各接微塵眾。

俱來至我所，聽我誦佛戒，甘露門即開❷。

是時千百億，還至本道場。各坐菩提樹，誦我本師戒，十重四十八❸。

戒如明日月，亦如瓔珞珠❹。微塵菩薩眾，由是成正覺。

是盧舍那誦，我亦如是誦。汝新學菩薩❺，頂戴受持戒。

受持是戒已，轉受諸眾生。諦聽我正誦，佛法中戒藏，

波羅提木叉。大眾心諦信，汝是當成佛，我是已成佛。

常作如是信，戒品已具足。一切有心者，皆應攝佛戒。

眾生受佛戒，即入諸佛位❻。位同大覺已，真是諸佛子。

大眾皆恭敬，至心聽我誦。

【注釋】❶盧舍那　即盧舍那佛，是釋迦牟尼佛報身的名號，意思為淨滿，是清淨圓滿的意思。❷甘露門即開　佛性寶戒如甘露潤澤心田，而開智達悟，步入佛國大門，是謂甘露門即開。《大正藏》本為「甘露門則開」。

❸十重四十八 修佛道者，嚴於律己，持戒為本。重戒與輕戒其本如一，其旨相同。輕戒是重戒的周邊，以此外圍護此重戒不犯，戒體不失。正如凝然所言：「戒相無量持行多端。持一箇戒得一解脫，持十重戒得十解脫。四十八輕、八萬威儀無邊細行其事皆爾。」（凝然《梵網戒本疏日珠抄》卷六）❹瓔珞珠 持戒嚴謹者，無瑕戒律如瓔珞珠一樣可以莊嚴潔白人身。這是佛教對持戒嚴謹者的稱讚。如道宣稱釋智周「皎潔戒珠，波瀾定水」（唐《高僧傳》卷二三〈釋智周傳〉），唐道岸被讚為「戒珠皎潔，慧流清淨」（宋《高僧傳》卷一四〈道岸傳〉）。❺新學菩薩 即新發心學佛者，因其初悟佛道，故名之。其相當於五十二位中的十信位。❻佛位 即十信位、十住位、十行位、十迴向位。

【語譯】今天我盧舍那佛，清淨圓滿，端坐蓮華臺藏世界之獅子座上。環繞盧舍那佛周圍，蓮華簇擁。蓮華朵朵開，朵朵有釋迦。

每一花都有百億佛國淨土，每一佛國淨土都有一釋迦，個個都在菩提樹下同時成道。如此多的千百億釋迦，都以盧舍那佛為佛性本源。千百億釋迦，都在此無量世界往返不已，承接無量微塵數的大眾來到這華藏世界，親耳聆聽盧舍那佛弘演此金剛佛性寶戒。寶戒如甘露一般滋潤大眾心田，使眾生開悟達智、除斷惑業而開涅槃門。

然後，千百億釋迦，都又還至各自原本修道之場，重新端坐於菩提樹下成等正覺，為大眾示現我本師盧舍那佛成道之法門，此法門即是十重四十八輕。

佛性寶戒如陰霾中得日可斷除無明，又如黑夜中得明月而遠離黑暗，戒如瓔珞寶珠可以莊嚴法身。無量微塵眾正是憑此金剛寶戒而成無上正等正覺。

因為此寶戒乃是成佛之本，所以報身佛誦，化身佛亦誦。你們初發心菩薩，更應恭敬尊重、頂戴受持。

無量佛眾不但受持此戒，還往返不已傳給眾生。所以眾生理應發心受持此菩薩戒，並要向諸世界廣為弘說。下面我要恭敬地演說此佛法寶戒，即波羅提木叉。眾佛子心中應當這樣認識，盧舍那佛是已經成佛道，而我還沒有成佛道，但一定能夠成就。

如果認識到這一點，並有成佛的信心，則佛性種子已經萌芽，戒品即已俱足。所以，一切發心為佛者，均應攝受佛戒，勇猛精持。

眾生若受了我此寶戒，即已經有了佛知佛見，入了佛位。將來定紹佛位，成於大覺。所以我才說，發心佛子即是真佛子。

下面，大眾請恭敬聽我誦此金剛佛戒。

【說　明】本長偈頌共四十六句，四句一偈，所以《梵網經古迹記》言其為十一偈半。以比喻說明菩薩戒的意義和作用，以使佛子增進持戒的自覺性和主動性。

爾時，釋迦牟尼佛，初坐菩提樹❶下，成無上覺❷。初結菩薩波羅提木叉，孝順❸父、母、師、僧、三寶，孝順至道之法。孝名為戒❹，亦名制止。佛即口放無量光明。是時，百萬億大眾、諸菩薩、十八梵天❺、六欲天子、十六大國王，合掌至心，聽佛誦一切諸佛大乘戒。

佛告諸菩薩言，我今半月半月自誦諸佛法戒❻。汝等一切發心菩薩亦誦，乃至十發趣、十長養、十金剛，十地諸菩薩亦誦。是故，戒光從口出。有緣、非無因故光。

光非青黃赤白黑，非色非心，非有非無，非因果法。是諸佛之本源，行菩薩道之根本❼，是大眾諸佛子之根本。是故，大眾諸佛子，應受持，應讀誦，應善學。

【注釋】❶菩提樹　即畢鉢羅樹，或稱為阿說他，其意為吉祥。佛陀曾在放棄苦行後，於畢鉢羅樹下靜思四十九天後成無上正覺。❷無上覺　指從佛果所得之智慧的果報，或稱為無上道、無上正等正覺、無上菩提、阿耨多羅三藐三菩提等。此智慧超越聲聞菩提和緣覺菩提。由於佛成就了無上菩提，所以才能了達世界人生之真諦。換言之，也正因為了達人生真諦，掙脫無明與煩惱的束縛，所以才能成就無上正等正覺。這種智慧超言絕相，不屬時空，非一切世間智慧所能達、能敵、能悟，故稱之為無上正等正覺、無上菩提。❸孝順　即子女對雙親的順命盡心供養。❹孝名為戒　戒與孝，不僅是兩個不同層面上的概念，更分屬於不同的文化和精神。以「孝」訓「戒」，顯然是不完整的。從這我們也可以看出《梵網經》所反映的濃厚的中國文化和價值觀的色彩。❺十八梵天　梵天，其義為清淨、離欲，本是印度古代哲學和史詩中歌頌的世界本源或創造者。在對梵天之崇拜中形成了梵天的神格化，並成為婆羅門教的最高神祇。佛教與其理論的形成過程中也吸收發展了梵天的思想，並列其於色界的初禪天中。所謂十八梵天即色界的十八天，它們是初禪天中的梵眾天、梵輔天、大梵天，二禪天中的少光天、無量光天、光音天，三禪天中的少淨天、無量淨天、偏淨天，四禪天中的無雲天、福生天、廣果天、無想天、無煩天、無熱天、善見天、善現天、色究竟天。❻半月半月自誦諸佛法戒　半月半月，即前半月初一至十五，又稱白月，後半月十六至三十或二十九，或稱為黑月。每半月半月誦戒而使之不忘，而且能隨之省察心思言行。如若有犯隨即懺悔，懺悔則戒體清淨，因半月罪未生根，容易懺悔清淨，罪過得滅盡滅，保持戒體清淨。佛教持戒不重外在的力量之規範，而看重個體之內在的求善的動力和主體的自覺性。❼行菩薩道之根本　《大正藏》本此處為「菩薩之根本」。

【語譯】 那時，釋迦牟尼佛來到世間，初坐菩提樹下睹明星，豁然大悟，而成無上正等正覺。在其後的弘道中，首制菩薩波羅提木叉。要求孝順父、母、師、僧、三寶、不違至道佛法。此孝即是戒，或稱為制止。佛說此戒時，口放無量光明。這時，百萬億大眾、無量梵天、六欲鬼神、天子國王，皆合掌傾心，恭聽佛說此成就大乘佛果的金剛寶戒。

釋迦佛告訴眾發心為佛者說，〔為了持戒清淨，涵養戒體光潔，〕我每半月半月說戒自省。你們大家也應如是，甚至到了十發趣、十長養、十金剛等地諸菩薩亦應當誦持自省。如此，則戒化為光明的力量從口而出，但是成就戒光是由於自己持之以恆地誦戒守戒自省而成。

〔不要執於其光之性，〕此戒光不屬於世間法，所以既非青黃赤白黑色，非色非心，也非有非無，非因果法，而是無漏之出世間法。此光是成就諸佛之本源，是修學菩薩道的根本，也是無量大眾厚植佛種性之根本。所以眾佛子，應受持讀誦持守，以成就戒光，成於佛道。

【說　明】對菩薩波羅提木叉的補充說明。

特別值得一提的是，一般說來，佛教所說的「孝」與中國傳統儒家所說的「孝」，在其內涵上並不完全相同。儒家所說的「孝」，其內容是以三綱五常為核心貫穿的，諸如「父母在，不遠遊」以及「為親者諱」等。佛教作為一種關注人生的學說，對作為社會細胞的家庭的穩定也極為重視。在比丘和在尼戒中均有「父母不聽出家者，不許受」這一規定即是明證。佛教所說的「孝」分為「世間孝」和「出世間孝」。前者即為對父母提供衣食，後者即為以佛法開導、孝敬父母。事實上，佛教更為重視對父母的佛法之孝，如《毘尼母經》卷二即說，若父母窮苦，應先授其三歸、五戒和十善，再施以衣食之孝。在《長阿含經》第二分卷第十一中，佛陀即說：「當以五事敬順父母。云何為五？一者供奉能使無乏，二者凡有所為先白父母，三者父母所為恭順不逆，四者父母正令不敢違背，五者不斷父母所為正業。善生！夫為人子，當以此五事敬順父母。父母復以五事敬親其子。云何為五？一者制子不聽為惡，二者指授示其善處，三者愛入骨徹髓，四者為子求善婚娶，五者隨時供給所須。」在該經第四分卷第二十中，佛以四天王的話來表現自己的社會政治理想，其中即把「孝」作為其一：「四天王告太子言：『汝當案行天下，觀察萬民，知有孝順父母、敬事師長、勤修齋戒、佈施貧乏者不？』」在中國大乘佛教中，佛教徒把佛教所說的孝與中國傳統儒家所說的「孝」進行了有機的融合，把「孝」與「天下國家」結合起來，賦予了佛教的「孝」以更深、更新的意義。這即是晉時竺僧度所說的「夫事君以治國，未若弘道以濟萬邦；安親以成一家，未若弘道以濟三界。」（梁《高僧傳》卷四〈僧度傳〉）這正是本處所說的孝順為至道之法的內在涵義。這種把佛教的「孝」與儒家的「孝」融合的思想在後世（如明代高僧那裡）得到發展。

諸佛子諦聽，若受佛戒❶者，國王、王子、百官、宰相、比丘、比丘尼、十八梵天、六欲天子、庶民、黃門❷、婬男、婬女、奴婢、八部鬼神❸、金剛神❹、畜生乃至變化人❺，但解法師語，盡受得戒。皆名第一清淨者❻。

【注　釋】❶佛戒　即菩薩戒、大乘戒、佛性戒或上文所說的金剛寶戒。因為佛戒包含一切的意、識、色、心，所以，佛性戒也正是建立在一切眾生有佛性的基礎上的。這種對戒律的寬泛與理解，正是大乘戒寬鬆、溫和、易守的表現。所以本經才會有「一切有心者，皆應攝佛戒」、「即入諸佛位，位同大覺已」之說。❷黃門　即指男根損壞者。❸八部鬼神　四大天王所統率的八類鬼神，即乾闥婆、毘舍闍、鳩槃荼、薜荔多（餓鬼）、四種龍、富單那（臭餓鬼或熱病鬼）、夜叉、羅剎（速疾鬼）。此處泛指一切天龍鬼神，他們被佛教思想吸收後，作為護法之眾。❹金剛神　或稱為密跡力士，為守護佛法的夜叉神，因其手持金剛杵，故名之。❺變化人　因具有神通而可任性變化、顯現之人。❻第一清淨者　此處意為，如若解法師語，盡受得戒，皆可成就清淨，達到與佛菩薩一般的第一清淨。清淨，即指遠離諸欲、煩惱之汙垢，三業清淨無所染者。第一清淨者，即佛、菩薩也。

【語　譯】諸佛子請恭聽，我此寶戒廣濟眾生，國王、王子、百官、宰相、比丘、比丘尼、十八梵天、六欲天子、庶民、黃門、淫男、淫女、奴婢、八部鬼神、金剛神、畜生乃至變化人均可受持讀誦。如能解其真義，內心得戒持戒，則能證得戒法身，心身清淨、遍法界清淨，即是第一清淨者。

【說　明】對受持讀誦佛戒的泛說。

佛告諸佛子言，有十重波羅提木叉。若受菩薩戒，不誦此戒者，非菩薩、非佛種子。我亦如是誦。

一切菩薩已學，一切菩薩當學，一切菩薩今學。我❶已略說菩薩波羅提木叉相貌，應當學❷，敬心奉持。

【注　釋】❶我　《大正藏》本無「我」字。❷應當學　《大正藏》本為「是事應當學」。

【語　譯】佛告諸佛子道，金剛寶戒有十重戒，若受菩薩戒而不誦讀此戒，則不是菩薩弟子，也非佛種子。所以，我也持誦不斷。

因此，過去一切菩薩已學誦持此戒，未來一切菩薩當學，現在一切菩薩今學也誦持此戒。上面我已略說了菩薩戒相，眾佛子要時時讀誦、恭敬受持奉行。

【說　明】上述三節是對菩薩戒整體寬泛地說明。

十重戒

第一　殺戒

佛言：「佛子，若自殺❶、教人殺、方便殺❷、讚歎殺❸、見作隨喜❹，乃至呪殺❺，殺因、殺緣、殺法、殺業❻，乃至一切有命者，不得故殺。是菩薩，應起常住慈悲心、孝順心，方便救護一切眾生。而反恣心快意殺生者，是菩薩波羅夷❼罪。」

【注釋】❶自殺　即自己親自殺生。❷方便殺　以己思維、手段或財力助就別人之殺行。❸讚歎殺　以言行或花言巧語鼓勵，以使他人犯殺之行。❹見作隨喜　己雖不殺，但見諸種殺行心生歡喜。❺呪殺　以咒術殺人。❻殺因殺緣殺法殺業　殺因，即殺之源，也即是個體的貪瞋癡。殺緣，即助殺行得成的外在條件。殺法，即殺行之具體實施和手段。殺業，即殺行造成的殺害一切有情的後果。本經對十重戒之每一戒都從「因、緣、法、業」四個層次進行說明。簡言之，因，即個體犯戒的內在動機和根源；緣，即外在條件助成犯戒；法，即犯戒的具體行為和方法；業，即犯戒得到的果報。後文不再列注。❼波羅夷　梵語的音譯，又譯為波羅闍已迦、波羅市迦等，其意為他勝、除惡、斷頭等，是出家眾受持的具足戒之一。是戒律中之重罪，若違之則會有嚴重的懲處，如：(1)失卻比丘或比丘尼的資格；(2)從僧團中放逐，不得與比丘同住；(3)死後必入地獄。正因為如此，其罪之重才如同人之斷頭，不可復生，被拒佛門之外。在大乘戒中，不同的經文對其內容略有不同說法，但其主要內容即都有殺盜淫妄四罪，違之即得波羅夷罪，或四波羅夷罪。比丘尼在此之上又加上摩觸、八事成重、覆比丘尼重罪、隨順被舉比丘等四種，稱為八波羅夷。

【語譯】釋迦佛說：「作為佛弟子者，要記住不能親自殺生，或者教導慫恿別人殺生，為別人殺生提供方便、以花言巧語鼓勵別人殺生，甚至見了殺生之舉心生歡喜，或用咒術殺生。自己也不能有殺生之意、為人創造殺生之條件、提供殺生之器具。如此則成就殺生之惡業。要知道一切生命，都是平等的，不得殺害。因此，佛弟子應當慈悲常住心中，以孝順心而救助一切眾生。如果不僅不如此，反而恣心妄為、有殺生為樂之衝動者，則都犯了波羅夷罪。」

【說明】在原始佛教時期，因為相信萬惡淫為首，所以，置淫戒為其第一位。比丘和比丘尼的具足戒中，前四波羅夷之順序為淫、盜、殺、妄。小乘佛教之四波羅夷將殺戒置於第四位，大乘戒不論是在家五戒還是出家戒都置於首位。而且小乘戒更為重視「人」的生命，所以將殺人戒稱為大殺戒，將殺畜牲稱為小殺戒，雖為犯戒，但罪輕，為九十單墮之一。但大乘佛教因為視眾生平等、一切眾生都有佛性，所以則將殺戒之波羅夷罪涵蓋一切生命。

第二　盜戒

「若佛子，自盜、教人盜、方便盜、呪盜❶，盜因、盜緣、盜法、盜業，乃至鬼神❷有主物、劫賊物，一切財物，一針、一草，不得故盜。而菩薩應生佛性孝順心❸、慈悲心，常助一切人，生福生樂。而反更盜人財物者，是菩薩波羅夷罪。」

【注　釋】❶呪盜　以自己所學佛咒，遣鬼使神，占有他人財物，雖然自己未曾出面動手，也為盜，此即為咒盜。❷鬼神　佛教所說的鬼神與中國民俗信仰中的鬼神並不完全相同。佛教的鬼神來源於古印度的流行的鬼神信仰，佛教把它們加工成為一種能夠變化自在、威力無比的生命，分為善惡兩種。一般說來，佛教所說的鬼神主要指乾闥婆、夜叉、阿修羅、迦樓羅、摩睺羅伽六部鬼神。❸心　《大正藏》本無此「心」字。

【語　譯】「作為佛弟子者，自己親自偷盜別人的財物，或者慫恿教導別人偷盜，為別人的偷盜提供方便，或者以其咒術遣使鬼神為其取得別人財物，有偷盜之思惟，或助成偷盜之緣，或通過各種手段使偷盜得逞，此種都為盜罪。不僅常人之有主物不得偷，甚至鬼神之物、盜賊之物也不得偷。不僅是貴重之物不得盜取，即使是一草一木、一針一線也不得占為己有。發心為佛者，應當成就其佛性，以其孝順心和慈悲心廣助眾人，使人使己都能常沐佛性的光輝大海。如果不然，反而從事偷盜者，則就犯了波羅夷罪。」

【說　明】本節說明發心修佛者，在修行的過程中應生佛性孝順心、慈悲心，常助一切人，生福生樂，以之破盜心。

第三　婬戒

「若佛子，自婬、教人婬，乃至一切女人，不得故婬❶。婬因、婬緣、婬法、婬業，乃至畜生女，諸天鬼神女，及非道行婬。而菩薩應生孝順心，救度一切眾生，淨法與人。而反更起一切人婬，不擇畜生，乃至母女姊妹六親行婬，無慈悲心者，是菩薩波羅夷罪。」

【注　釋】❶故婬　在自主意識的支配下起心動念是名故淫。如在夢中、熟睡不知，或被藥迷失本心，或為怨家所逼不得不為，因不屬於起心動念，所知所感惟苦無樂，不犯。

【語　譯】「作為佛弟子者，不論是自己行淫事、教唆鼓動他人行淫，都是不許可的。不得主動以之為樂與一切女人行淫，甚至與畜生女、諸天鬼神女，及非道行淫。有淫因、得淫緣、行淫事，則淫業既成。因為修菩薩道者，應生慈悲孝順之心，救度一切眾生，以傳授淨法與人為己任，如果反起淫心、行淫事，乃至不擇畜生，或母女姊妹六親行淫，已經失卻了慈悲孝順之心，如此則犯了菩薩波羅夷罪。」

【說　明】本節說明，菩薩應生孝順心，救度一切眾生，淨法與人，以制淫心。

第四　妄語戒

「若佛子，自妄語❶、教人妄語、方便妄語❷。妄語因、妄語緣、妄語法、妄語業。乃至不見言見、見言不見，身心妄語。而菩薩常生正語、正見，亦生一切眾生正語、正見，而反更起一切眾生邪語、邪見❸、邪業❹者，是菩薩波羅夷罪。」

【注釋】❶自妄語　自己吹噓已經證得究竟涅槃、菩提，見阿羅漢道。妄語，或稱為故妄語、虛妄語，指以欺人為目的而作不實之言。妄語有「小妄語」和「大妄語」之別。前者為說不實之辭，犯波逸提罪，須向眾僧懺悔；未證得究竟涅槃卻謂己已得大涅槃，本未證菩提卻謂證得菩提，未見阿羅漢道卻謂已見其道，是謂大妄語戒。此為波羅夷罪，要被逐出僧團，其惡業果報是要墮入無間地獄。❷方便妄語　意即以一切方法善巧，來向人說明自己已經證得佛道，以期矇騙他人，使人誤信。如說自己已經得到天人等的供養等即是。❸邪見　本意為不正確的見解，佛教用來指那種與佛說不合之執見，如不承認因果四諦之法之見解。❹邪業　與正業相對而言之。指因堅持邪見、邪執而所得之惡業報。正如佛陀所言，若眾生「成就身惡行、口、意惡行，誹謗聖人，邪見，成就邪見業。」若眾生「成就身妙行，口、意妙行，不誹謗聖人，正見，成就正見業。」成就邪見業者必至惡處，生地獄中；成就正見業者，必昇善處，上生天中。（《中阿含經》卷四〇，《黃蘆園經》第六）

【語譯】「作為佛弟子者，自己吹噓已經證得究竟涅槃、菩提，見阿羅漢道。或者讓弟子及他人廣為傳言自己是聖人。或用諸種善巧方便以矇騙他人，使人誤信自己的妄語。如果有妄語之心，以求得名聞利養為目的，並廣為宣揚傳播，使人信以為真，即犯了大妄語戒，成了妄語業。同樣，如果不見言見，見說不見，或口是心非，則犯了小妄語戒。修菩薩道者，自己應當常生正語正見，並令一切眾生也成正語、正見，如法而為方乃成就。如若不然，反而令眾生生邪語、信邪見、得於邪業，則犯了菩薩波羅夷罪。」

【說　明】妄語騙人是為千夫所指。儒家先聖也曾對其加以痛斥，如稱「巧言令色，鮮矣仁。」《論語・陽貨》「其言之不怍，則為之也難。」《論語・憲問》以妄語騙人只能更為遠離菩薩道。本節說明菩薩常能通過生正語、正見，亦生一切眾生正語、正見，而以之破除一切眾生邪見、邪業者，以反妄語。

第五　酤酒戒

「若佛子，自酤酒❶、教人酤酒，酤酒因、酤酒緣、酤酒法、酤酒業。一切酒不得酤，是酒起罪因緣。而菩薩應生一切眾生明達之慧，而反更生一切眾生顛倒之心者❷，是菩薩波羅夷罪。」

【注　釋】❶酤酒　酒戒也為比丘或比丘尼戒之一，但那是飲酒戒，此處所言為酤酒。酤酒，買酒或賣酒，此處指賣酒。❷而菩薩應生一切眾生明達之慧二句　佛教重視對智慧的追尋與把握，強調如法修行和像貌莊嚴，所以不僅反對飲酒，也反對賣酒，因為賣酒助人犯戒。

【語　譯】「若發心為菩薩道者，自己賣酒，或誘使他人賣酒。或以賺財貪利為目的以物造酒，廣為推廣銷售，賣酒於人則成了罪業。佛子當知，一切酒均不得賣，因為酒能使人喪失心智或失卻莊嚴之相，引發惡行惡業。修菩薩行者應當護佑眾生得到明達之慧，以利修道。若其之行反而使眾生有了顛倒之心，障礙佛性種子之萌發，則犯了菩薩波羅夷罪。」

【說　明】菩薩應生一切眾生明達智慧，而酒能使人失卻心智，妨礙求道修行。

第六　說四眾過戒

「若佛子，口❶自說出家、在家菩薩，比丘、比丘尼罪過，教人說罪過。罪過因、罪過緣、罪過法、罪過業。而菩薩聞外道惡人及二乘惡人，說佛法中非法非律，常生慈心❷，教化是惡人輩，令生大乘善信。而菩薩反更自說佛法中罪過者，是菩薩波羅夷罪。」

【注　釋】❶口　《大正藏》本無此「口」字。❷慈心　即愛心、友善之心，人因珍視自己的生命從而也就珍視其他有情的生命，推己及他的這種友善之心即為慈心。

【語　譯】「作為佛弟子者，卻常行惡口，說出家、在家菩薩過，或說比丘、比丘尼罪過，或者唆使誘使別人說罪過；或因其謗人惡習不改，以種種藉口搬弄是非，說人輕重罪相，則會造就罪業，被拔舌投入地獄。而且，修菩薩乘者一旦聽聞外道惡人及二乘者搬弄是非、誹謗佛法時，應當常生起慈愍之心，教化惡人，勸其為善，使他們生善信大乘之心。相反，如果不是如此，反而自說佛法中罪過者，則是犯了菩薩波羅夷罪。」

【說　明】本節說明，菩薩通過常生慈心，教化惡人輩，令生大乘善信。佛教並不是反對別人或同修的批評與監督，而是要求這種監督應當合律依法。如可通過三種勸諫：私人勸諫、屏處勸諫、羯磨和大眾勸諫，而不是向外張揚，以免破壞僧團的和諧。

第七　自讚毀他戒

「若佛子，口❶自讚毀他，亦教人自讚毀他。毀他因、毀他緣、毀他法、毀他業。而菩薩應代一切眾生受加毀辱，惡事自向己，好事與他人。若自揚己德，隱他人好事，令他人受毀者，是菩薩波羅夷罪。」

【注　釋】❶口　《大正藏》本無此「口」字。

【語　譯】「作為佛弟子者，經常自讚自揚己長處，惡意揭人之短失；或者教人自讚毀他，並因其嫉妒之心使然，以文字言行而詆毀他人以求得供養，則會得到惡業。菩薩應以慈悲為己任，為一切眾生受過代辱，惡事歸於自己，好事讓與他人。如果不但不如此，反而自揚優點，隱他人之功績以使其受到非議和詆毀，則是犯了菩薩波羅夷罪。」

【說　明】本節說明菩薩應通過代一切眾生受毀辱，惡事自向己，好事與他人，以增進根。因為菩薩發無上菩提大願，為饒益有情，不能反施惡於他，毀壞大乘，所以制之為根本重戒。

第八　慳惜加毀戒

「若佛子，自慳❶、教人慳，慳因、慳緣、慳法、慳業。而菩薩見一切貧窮人來乞者，隨前人所須，一切給與。而菩薩以惡心❷、瞋心❸，乃至不施一錢、一針、一草；有求法者，不為說一句、一偈、一微塵許法，而反更罵辱者，是菩薩波羅夷罪。」

【注　釋】❶慳　為五十一個心所法之一，也是唯識百法之一。主要指一種對財施與法施的吝嗇之心理，即不施財或不弘法濟人。❷惡心　據《大法炬陀羅尼經》卷一說言，惡心有三種，一是心性狠惡、邪惡，難以接受善言；二是心地狹窄，嫉妒心盛；三是因為他人優於自己而不願從之為學。一般說來，即是內懷貪、瞋、癡三毒，為人慳吝惡毒之心。本經其後多次說到惡心，都是在此意思上而言。❸瞋心　又名瞋恚，或簡稱為恚，即憤怒、怨恨。個體之心的一種狀態和作用（心所），其意是對一切生命之物的怨恨。因其能妨礙領悟正法、開啟聖智，所以與貪、癡一起被佛教稱為三毒。三毒之中此毒為最惡之毒。所以《華嚴經》說：「一念瞋心起，百萬障門開；一念起瞋，殃墮無間。」

【語　譯】「作為佛弟子者，因為惜財吝法，不以之助世濟人，或者教唆別人刻薄不以財助人、以法濟世，甚至因為貪財自私，不弘聖法，則要有畜生的果報業。修菩薩道者見一切貧窮乞求幫助者，則應滿足求助者所需，一切給與。反之，如果反因自私的惡心、嫉妒的瞋心所使，甚至不施一錢、一針、一草；對於有來聞聖法者，不僅不為其說一句、一偈、一微塵許法，甚而鄙視辱罵者，則犯了菩薩波羅夷罪。」

【說　明】本節說明，菩薩若見一切貧窮人來求乞，應隨其所需，一切給與，廣濟社會眾生，以破慳嗇之心。

第九　瞋心不受悔戒

「若佛子，自瞋、教人瞋，瞋因、瞋緣、瞋法、瞋業，而菩薩應生一切眾生中善根無諍之事，常生慈悲心、孝順心。而反更於一切眾生中，乃至於非眾生中，以惡口罵辱，加以手打，及以刀杖，意猶不息。前人求悔，善言懺謝，猶瞋不解者，是菩薩波羅夷罪。」

【語　譯】「作為佛弟子者，自己深懷瞋恨、惱怒之心，或者教人懷有瞋恨心，因無明之因，不能友善待人，稍遇不順，則訴諸於打人罵人，如此則犯了瞋業。菩薩應當教化眾生，使其無諍友愛於人，以成就善根；應教化眾生常生慈悲心、孝順心。如果反而對待六道一切眾生，乃至於非眾生，無慈悲友善之心，動輒以惡口罵辱，加以拳腳刀杖相向，其瞋恨之心如火熾盛不息。甚至於人家登門悔過、誠心致歉時，仍然瞋恨不息、不與人和好者，就犯了菩薩波羅夷罪。」

【說明】本節說明菩薩應生一切眾生中善根無諍之事，常生慈悲心、孝順心以破瞋心，以防止修道者因起瞋恚心，而不受他人悔謝，有障梵行。

第十　謗三寶戒

「若佛子，自謗三寶、教人謗三寶，謗因、謗緣、謗法、謗業。而菩薩見外道及以惡人一言謗佛音聲，如三百鉾❶刺心，況口自謗。不生信心、孝順心，而反更助惡人、邪見人謗者，是菩薩波羅夷罪。」

【注釋】❶鉾　意即劍。

【語譯】「作為佛弟子者，不敬佛法僧三寶，指使他人誹謗三寶，而且惡言誹謗，誹謗因緣之法，誹謗佛法，誹謗三業果報之理，是為犯罪。由於修學菩薩行者見外道及一切惡人誹謗佛法僧三寶，就如三百鉾刺心般痛苦不安，何況親口誹謗三寶、對三寶不生信心、無恭敬之心。不僅如此，如果反而幫助惡人誹謗佛法，則更為聖戒所不容。如果佛子有親自誹謗三寶者，犯波羅夷罪之重罪。」

【說明】本節說明菩薩應生信心、孝順心和護衛心，要反對一切謗佛者。

六種大乘菩薩戒經論對「重戒」數量和戒相的表述不盡一致，茲列表對照如下（摘自勞政武《佛教戒律學》，北京：宗教文化出版社，一九九九，第二四二頁。也可參見《佛光大辭典》第三冊，第二九〇〇頁中）：

經本	重戒										
《瓔珞戒》本	十不可悔戒	一 殺戒	二 盜戒	三 淫戒	四 妄語戒	五 說四眾過戒	六 酤酒戒	七 自贊毀他戒	八 慳戒	九 瞋戒	十 謗三寶戒
《梵網》本	十重戒	一 殺戒	二 盜戒	三 婬戒	四 妄語戒	五 酤酒戒	六 說四眾過戒	七 自讚毀他戒	八 慳惜加毀戒	九 瞋心不受悔戒	十 謗三寶戒
《瑜伽戒》本	四重戒							一 自贊毀他戒	二 慳戒	三 瞋戒	四 謗菩薩藏戒
《地持經》	四重戒							一 自贊毀他戒	二 慳戒	三 瞋恚戒	四 謗菩薩藏戒
《善戒經》	八重戒	一 殺戒	二 盜戒	三 淫戒	四 妄語戒			五 自贊毀他戒	六 貪惜不施戒	七 瞋恨不息戒	八 謗菩薩藏戒
《優婆塞經》	六重戒	一 殺戒	二 盜戒	三 大妄語戒	四 邪淫戒	五 說四眾過戒	六 酤酒戒				

顯然，《瑜伽戒品》系統的二種戒本，沒有將大乘戒中最重要的前四戒列入。據勞政武先生解釋說，這是因為這一系統的戒本是針對出家人而適用的。出家人無論其為沙彌十戒、比丘二百五十戒，都已經把其包含進去了，所以不再列入。（同上，第二四三頁）

「善學❶諸仁者，是菩薩十波羅提木叉，應當學❷，於中不應一一犯如微塵許，何況具足犯十戒。若有犯者，不得現身發菩提心，亦失國王位、轉輪王❸位，亦失比丘、比丘尼位。亦失十發趣、十長養、十金剛、十地。佛性常住妙果，一切皆失。墮三惡道❹中、二劫、三劫❺，不聞父母、三寶名字。以是不應一一犯。汝等一切諸菩薩，今學、當學、已學，如是十戒、應當學，敬心奉持，〈八萬威儀品〉當廣明。」

【注釋】❶善學　即善知識之意。對那些聽聞正法、與佛教結緣或意欲入佛道正理之人的敬稱，與其後的「諸仁」同義。❷應當學　或稱為「一百應當學法」、「一百學法」，或稱為「百眾學」，也即應當持守的戒律之意。此百眾學法涵蓋佛子衣、食、住、行及宗教修行等的各方面，以求佛子威儀行成、息世譏嫌、戒德光顯。❸轉輪王　又稱為轉輪聖王，指以輪寶之力量統一世界而為王者。佛教認為以其之力正如王者一般宣揚聖教之理、開導眾生，以使之達於離苦得樂之境。轉輪王治世是佛教社會政治理想的主要象徵之一。據《中阿含經》卷一五之《轉輪王經》第六及《長阿含經》卷一八〈世記經轉輪聖王品〉第三所言，轉輪王治世是以佛法治國，而不是「出自意治國」，是「不以刀杖，以法教令，令得安樂」，從而達到「以正治化，勿使偏枉，無令國內有非法行，自不殺行，教人不殺生、偷盜、邪淫、兩舌、惡口、妄言、綺語、貪取、嫉妒、邪見之人，此即名我之所治。」❹三惡道　惡道，善道之對稱。佛教認為，人生前所造之業，必有與之相對的善惡兩道之果報。具體地說即是死後所趣之處有著善惡之分，即三善道和三惡道。前者是阿修羅、人間和天上；後者則為地獄、餓鬼和畜生。另外在佛典中也有「四惡道」（三惡道加上阿修羅）或「五惡道」之說。❺二劫三劫　二劫、三劫此處意為極長久之時間。劫，梵語的音譯，或稱為劫波，為古印度文化中表達極長久時間的單位，此一表述被佛教吸收採用。一種說法認為，一劫的時間長度相當於人間四十三億兩千萬年。

【語　譯】「諸位仁者善知識，此處已經廣為說明了修菩薩行者應當持守的十波羅提木叉或百眾學之法。對於此處所說之十戒，不應當有一丁點的違犯，更不用說十戒全部違犯了。如果有所犯，即不能修得體悟菩提正道。為王者有所犯，會失去國王之位，失去轉輪王之位；比丘、比丘尼若有犯者，也就不是比丘、比丘尼了，其所修得的十發趣心、十長養心、十金剛心和十地之功也將失去。所得一切佛性善果，也將失去殆盡。並會得到惡報，趣於三惡道中，二劫三劫之久，並被懲罰不得聞見父母、不得佛法僧三寶聲。所以，如是十重戒不得違犯。諸位佛子，不論是已經發心趣佛者，還是正在發心抑或是將要發心者，如上所說十波羅提木叉，都應當認真敬奉持守。在〈八萬威儀品〉當廣為明悉。」

【說　明】戒為菩提本，三學戒為首。因為一切梵行均成於戒，戒失則功德失。佛教僧團的和合發展都是建立在如法、持戒之上的。因此，以戒為師，則與佛在世無異。

四十八輕戒

佛告諸菩薩言：「已說十波羅提木叉竟，四十八輕❶今當說。」

【注釋】❶四十八輕　即四十八輕罪。為防止犯有輕罪而制定此戒條。

【語譯】佛對眾菩薩說，十重戒已說完，下面當說四十八輕戒。

【說明】對於四十八輕罪之名稱與順序，不同的經典有著不同的說法。如：《菩薩內戒經》、《菩薩戒本》（曇無讖譯）、《菩薩地持經》（卷五）：四十二種。《瑜伽師地論》（卷四一）：四十四種。《菩薩善戒經》：五十種。《優婆塞戒經》（卷三）：二十五種。《優婆塞五戒威儀經》：三十八種。

第一　不敬師友戒

「若佛子，欲受國王位時、受轉輪王位時、百官受位時，應先受菩薩戒。一切鬼神救護王身、百官之身，諸佛歡喜。既得戒已，生孝順心、恭敬心。見上座❶、和尚❷、阿闍黎❸、大德、同學、同見、同行❹者，應起承迎，禮拜問訊。而菩薩反生憍心、慢心、癡心、瞋心，不起承迎禮拜，一一不如法供養。以自賣身、國、城、男、女、七寶、百物而供給之。若不爾者，犯輕垢罪❺。」

【注釋】❶上座　又稱為長老、首座、上臘等。為因年長德劭、法臘高而居眾僧之上位的僧尼，為寺院管理者三綱（上座、寺主和維那）之首，統率寺內眾僧之一切。❷和尚　又譯為和上、和闍等，其意為親教師、力生，因其德高望重而為大眾之師，後成為對出家僧眾的尊稱。❸阿闍黎　意為導師，又音譯為阿舍黎等，也稱為闍黎。指行為端正、如法而行，為弟子楷模、教授弟子的和尚。依道宣《四分律刪繁補闕行事鈔》卷上，阿闍黎有五種：出家阿闍黎、受戒阿闍黎、教授阿闍黎、受經阿闍黎和依止阿闍黎。❹同學同見同行　同學，共同學習大乘之法的人。同見，對大乘法有相同體悟者。同行，即為同伴。佛教所說的「同行」即指有著共同志願、相互敬重、切磋砥礪、同心學道者之意。❺輕垢罪　又音譯為突吉羅，即輕罪。乃與上文所說的重罪波羅夷相對而語。雖然本罪為輕，但也能汙染清淨梵行，使三業為漬，故名之。據《梵網經菩薩戒本疏》卷四所言：「輕垢者，簡前重戒，是以名輕，簡異無犯，故亦名垢。又釋，黷汙清淨行名垢，體非重過稱輕。」

【語譯】「作為佛弟子者，不論是即將要承受國王之位、接受轉輪王之位，還是文武受封為官時，都應當首先受菩薩戒。這樣，國王和百官不僅能夠得到一切鬼神之救護保佑，而且諸佛也為之歡喜讚歎。國王百官既然納受了菩薩戒，就能生長出對父母的孝順心、生起對三寶的恭敬之心。既然受了菩薩戒，那麼見了上座、和尚、阿闍黎、大德，見了同學、同見及同行者，就應當起禮恭敬迎候，這才是如法之行。但如若雖然受了菩薩戒，反而仍生有憍心、慢心、癡心、瞋心，見了上座、阿闍黎等不起承迎禮拜，也不一一不如法；或不以自賣身、國、城、男、女、七寶、百物而供給養他們，果若如此者，則犯了輕垢罪。」

【說　明】求道修行，是為求得正法，尊師重友本為理當。師能傳道授業解惑，同學能切磋砥礪互助，故要敬重師友。

第二　飲酒戒

「若佛子，故飲酒，而酒生過失無量❶。若自身手過酒器，與人飲酒者，五百世無手❷，何況自飲。亦不得教一切人飲，及一切眾生飲酒，況自飲酒。一切酒不得飲❸。若故自飲，教人飲者，犯輕垢罪。」

【注　釋】❶酒生過失無量　佛陀悟道之初的十二年，此時弟子從師學法聞道，以師為楷為模，沒有嚴格意義上的戒律。依佛教經典所言，佛教制戒之緣乃因為須提那因飲酒而毀壞梵行事件。須提那事件，各律有所載。據《四分律》卷一，須提那因飲酒而犯殺、盜、淫、妄四罪。飲酒不僅亂法，更亂志、亂行，並且破壞僧伽在社會上的威儀和形象，惹世譏嫌，如莎伽陀醉臥寺門。所以，此處說酒生無量過失。❷五百世無手　持杯勸人飲酒，必遭無手果報，墮於鱔鰻蚯蚓類中，不再有手。❸一切酒不得飲　據求那跋摩所譯《優波塞五戒相經》，酒有二種，一者穀酒，一者木酒。穀酒，即是用糧食為酒。木酒者，即是用植物根、莖、葉、花、果、種子等作酒。諸藥草雜作酒，有酒色、酒香、酒味，飲之能醉人，皆名為酒。另外還有甜酒、醋酒，以及噉麴、酒糟、酒澱能醉者，以及一切有酒色、酒味而能令人醉者，皆不得飲食。但是若僅作酒色、酒香、酒味而飲之不醉，但飲無犯。

【語　譯】「作為佛弟子者，因為有意飲酒，所以使其生成無量違法之行。孰不知，如果自己手持酒具，過酒與人飲，都會遭到五百世無手之惡報，何況自己主動飲酒呢！修持正法者，不得教一切人飲酒，也不得教一切生命飲酒，何況自己飲酒呢！所以，若發心為佛，一切酒均不得飲。若明知故飲，或教人飲，均犯輕垢罪。」

【說　明】酒戒，或稱為飲酒戒是佛教的基本規範五戒之一，但在大乘佛教的《梵網經》中卻變成了四十八輕之一的輕垢罪，這正是大乘佛教持戒規範在新的歷史條件下的調適，使其更為溫和化，更易於在家者持守。

而依據經典，佛陀制戒的起源即是因為須提那因酒而起犯戒之事。

飲酒能使人行為違法、意志散亂，違害修行。正如長老莎伽陀酒醉之後，倒臥寺門邊，僧伽黎衣、漉水囊、鉢杖、油囊、鉞筒各散一處之狀，佛陀因此說：「聖人飲酒，尚如是失，何況俗凡夫，如是過罪。若過是罪，皆由飲酒故，從今口若言我是佛弟子者，不得飲酒。」（求那跋摩譯《優婆塞五戒相經》）

第三　食肉戒

「若佛子，故食肉，一切眾生肉不得食。夫食肉者❶，斷大慈悲佛性種子。一切眾生，見而捨去。是故一切菩薩不得食一切眾生肉。食肉得無量罪。若故食者，犯輕垢罪。」

【注　釋】❶夫食肉者　《大正藏》本無「夫食肉者」之句。

【語　譯】「作為佛弟子者，應知一切眾生肉均不得食。如若食肉，則會難以成就大慈悲心，斷滅佛性種子，必然就會遭到眾生的唾棄，難以成就佛果。所以，一切修菩薩行者均不得吃一切生命的肉。須知，食肉會得無量罪業。如若食肉，即犯了輕垢罪。」

【說　明】佛教強調一切眾生平等，每個生命都有自己的價值與尊嚴，殺生取肉即是對生命的傷害，定會使自己遭受惡報，永難成佛，因此以戒制之。

原始佛教對食肉並沒有絕對地禁止，因為當時為托鉢乞食，食無所擇，乞到什麼即吃什麼。這也即是說的三種淨肉（即不是自己殺、不為自己殺、自己不見殺）可食。初期佛教戒律的持守的根本精神即是不糾纏於瑣屑枝末，這是從愛護比丘的角度出發。若因持戒而傷害到這一根本目的，那是佛陀所反對的僵化思想。據學者研究，當提婆達多要在僧團中製造分裂、自立僧團時，便是以對持戒的異議為話題的。他與俱迦利等比丘提出了「五事」挑起了紛爭。其中第五事即是比丘不應該吃魚肉。他們認為佛陀定會不同意這五事，這樣他們就能達到分裂僧團的目的。但是佛陀的回答是：誰願意住在村中就住在村中，誰願意住在林中就住在林中；誰願意乞食就乞食，誰願意接受邀請吃飯就接受邀請吃飯；誰願意穿糞掃衣就穿糞掃衣，誰願意穿施主贈送的衣服就穿施主贈送的衣服。我允許一年中八個月住樹下，而雨季不必住樹下。我也允許吃魚肉，只要本人不看到、聽到或想到屠宰（參見郭良鋆《佛陀與原始佛教思想》，北京：中國社會科學出版社，第八七、八八頁）。在《涅槃經》卷四〈如來性品〉中，佛陀說：「善男子，從今日始，不聽聲聞弟子食肉」、「不得復食一切肉也。」但是同時，如來也已經開了食肉的方便法門。「善男子，不應同彼尼乾所見。如來所制一切禁戒各有異意，異意故聽食三種淨肉。」在中國佛教中，不食肉的戒律規範與梁武帝提倡是分不開的。有理由相信，當時僧人對食肉是比較寬鬆的，因為我們在《廣弘明集》卷二六的〈序梁武帝與諸律師唱斷肉律〉中可以發現如下的句子：「諸僧尼或云律中無斷肉事及懺悔肉食法」而反對梁武帝的倡議。

第四　食五辛戒

「若佛子，不得食五辛：大蒜、茖蔥、慈蔥、蘭蔥、興渠❶。是五種，一切食中不得食。若故食者，犯輕垢罪。」

【注釋】❶興渠　產於西域的一種植物，根白，其味如蒜。

【語譯】「作為發心修大乘的佛子，不得食用大蒜、茖蔥、慈蔥、蘭蔥以及興渠等五種辛辣之物。在一切食物中均不得使用。如若有意食用，則犯了輕垢罪。」

【說明】佛子禁食五辛，有如下原因：(1)五辛味重，使人難以親近，北本《涅槃經》卷一一說：「不食肉不飲酒，五辛能熏，悉不食之。是故其身無有臭處，常為諸天一切世人恭敬供養尊重讚歎。」(2)《佛說佛名經》卷一〇說，食諸生鱠、飲噉五辛等，其氣味薰穢經像。(3)天台智者在《請觀音經疏》中解釋說，五辛苦辣，正如五陰苦諦。

第五　不教悔罪戒

「若佛子，見一切眾生犯八戒、五戒、十戒、毀禁、七逆❶，八難❷，一切犯戒罪應教懺悔。而菩薩不教懺悔，同住❸、同僧利養，而共布薩❹。同一眾住說戒，而不舉其罪，不教悔過者，犯輕垢罪。」

【注釋】❶七逆　又作七遮罪、七遮，指法犯禁、能破受戒的七種罪，它們是：出佛身血、殺父、殺母、殺和尚、殺阿闍黎、破羯磨轉法輪僧、殺聖人。犯此罪者，即現身不得戒，並招致入無間地獄之所報。參見第十三謗毀戒、第四十揀擇授戒戒。❷八難　或稱八難處、八難解法，意指有礙獲得正法、正道的八種障礙。它們是：(1)因墜於地獄難受無間苦而不得聞佛法；(2)因為餓鬼難而難於聞於佛法；(3)因為畜生而難於聞得正法；(4)由於處於第四禪天中的無想天而心想不行，難聞佛道；(5)因身處邊地，鮮有聖人，難聞佛法；(6)因盲聾瘖瘂，雖生於佛世，難得佛法；(7)雖然自身聰俐，但因沉湎於外道，不得出世之正法；(8)因業障所報，無緣與佛同世，難得佛法。❸同住　如法而行，大眾清淨，得以同住，是為和合僧。若有人犯戒，則為不清淨，不能同住。同住，《大正藏》本為「共住」。❹布薩　梵語的音譯，其意是長住、長養、共住等。其內容即是比丘每半月一次地於布薩堂中說戒，對照戒本以反省自己在半月中的三業之行違法與否。犯戒，必須於眾僧前以懺悔以求得自己三業清淨。布薩的種類諸律所言不盡一致，《四分律》分布薩為三語布薩、清淨布薩、說波羅提木叉布薩和自恣布薩四種。

【語　譯】「作為佛弟子者，見一切眾生犯八戒、五戒、十戒，或違犯禁規，犯有七逆，則會遭有八種惡報。所以，如果有眾生犯戒獲罪，應教其懺悔。如果菩薩知其有罪而不教懺悔，反而與其共用利養則為違法，所以同住僧人應勸其懺悔布薩。如果同住一同說戒，而不指出其所犯之罪讓其反省、悔過，則犯了輕垢罪。」

【說　明】與前面所述的十重之第六「說四眾過」罪相對照可見，佛教的持戒不僅重視個體的自覺，同時也重視同學同見的提醒、監督與批評。只是這種監督提醒要遵從一定的形式和方法，以保證僧團的和合以及修行者的增益。

對於僧團中的這種對所作所為的自我檢查和接受大眾的批判，英國人塞德蘭在其《印度的遺產》一書中把它與今天的議會民主相提並論。（明暘《佛法概要》，上海：上海古籍出版社，一九九八，第三三一頁）

第六　不供給請法戒

「若佛子，見大乘法師、大乘同學、同見、同行，來入僧坊❶、舍宅❷、城邑❸。若百里、千里來者，即起迎來送去，禮拜供養，日日三時供養。日食三兩金，百味飲食，牀座醫藥，供養法師。一切所須，盡給與之。常請法師三時說法。日日三時禮拜，不生瞋心、患惱之心。為法滅身，請法不懈。若不爾者，犯輕垢罪。」

【注釋】❶僧坊　此處指約見參學出家菩薩。❷舍宅　此處指約見參學在家菩薩。❸城邑　城大曰都，城小為邑。此處指約見參學喜聞佛道的官宦。

【語譯】「作為佛弟子者，見到大乘法師、見到同學大乘者、見到對大乘有著共同體悟者，以及同修大乘者，來入僧坊、舍宅、城邑，應視為不辭千里而來的客人，即起迎來送去，禮拜供養，日日三時百味飲食精心供養。並以牀座醫藥，供養法師。法師聖德一切所需，盡量給予滿足。而且，應當多向大德請教，請法師三時說法聆聽禮拜。雖有辛苦，也不生瞋心、患惱之心。甚至為法滅身，請法之行之心也不懈怠。如若不然，則犯有輕垢罪。」

【說明】對法師同學的禮拜供養，可得聞聖法、取長補短、切磋交流、砥礪提高。

第七　懈怠不聽法戒

「若佛子，一切處❶，有講法毗尼❷經律，大宅舍中有講法處，是新學菩薩，應持經律卷，至法師所聽受諮問。若山林樹下，僧地房中，一切說法處，悉至聽受。若不至彼聽受諮問者❸，犯輕垢罪。」

【注　釋】❶一切處　此處意為遍處、不論何處之意。❷毗尼　或作「毘尼」，乃梵語的音譯，意為「律」。此乃舊譯，新譯為「毘奈耶」。此處泛指佛教徒所應遵守的戒律。❸諮問者　《大正藏》本無「諮問」二字。

【語　譯】「作為佛弟子者，必須勤修好學。不論是在大宅舍中，還是在其他任何地方，只要有法師在講演聖法、弘闡戒律，初發心者都應當持律備卷前往聽講諮問。不論是在山林、在樹下還是在寺廟房中，都應當悉心聽受。如若當去而不去者，即犯了輕垢罪。」

【說　明】鼓勵初發心者勤奮學習，廣聞博納。

第八　背大向小戒

「若佛子，心背大乘常住❶經律，言非佛說，而受持二乘聲聞❷、外道惡見、一切禁戒邪見經律者，犯輕垢罪。」

【注　釋】❶常住　其意為綿延三世、超越時空、永不變易、不可損壞的存在。如常說的如來法身為常住法身，即是其意。此處說大乘經律為恒常無壞、永不變易之意。❷二乘聲聞　佛法以救度眾生於苦海、開眾生之聖智為己任，所以被形象地比作為船筏。隨著後期大乘佛教的興起，把以前的佛法稱為小乘，自視己為大乘，意為修小乘者只求自度自救，而大乘佛法要自度度人。此處二乘當指聲聞乘法門和緣覺乘法門。此二法門被視為小乘，唯菩薩乘為大乘。從本意上說，所謂聲聞之人即是直接聆聽佛的說教、依四諦之理而使己得以覺悟者。緣覺乘是指不是直接聽受於佛陀之言說，而依自己十二因緣之法而得以覺悟者。

【語　譯】「作為佛弟子者，如果有人在其內心中背離大乘經律，篡改佛說真意，崇信小乘之聲聞和緣覺二乘之非究竟法，甚至信持外道之惡見、信奉已被大乘所摒棄駁斥的其他邪見經律，則犯了輕垢罪。」

【說　明】堅定求大涅槃的信心，不為小果而動。

第九　不看病戒

「若佛子，見一切疾病人，常應供養，如佛無異。八福田❶中，看病福田，第一福田。若父母、師僧、弟子病，諸根❷不具，百種病苦惱，皆供養令差❸。而菩薩以瞋恨心不看，乃至僧房中❹、城邑、曠野、山林、道路中，見病不救濟者，犯輕垢罪。」

【注　釋】❶福田　佛教對那些因其供養三寶、孝順父母、救助悲苦者之種種善行所得善報的一種比喻。言其因為此種善舉而得福德，恰如農夫之耕耘而必有收穫，所以喻其為福田。「福田」之分法和說法有多種，如智者大師說其為佛田、聖人田、僧田、和尚田、阿闍黎田、父田、母田和病人田八種。因佛者以慈悲為懷，是故此處說八福田中，照看救助病人福田為第一福田。❷根　比喻人體的器官、機能。草木之根能夠開花生葉結果，人體的器官、機能正如花草之根一樣能夠形成認識、感覺，能夠生信精進，了悟佛法，所以被喻為根。諸根不具，即指身體器官不全或功能有障。❸供養令差　即精心供養，使其病癒。❹而菩薩以瞋恨心不看二句　本句

《大正藏》本為「而菩薩以惡心瞋恨，不至僧房中……」。

【語　譯】「作為佛弟子者，見一切的疾病之人，都應救助撫養，如果這樣做，就與佛一樣。因為八福田之中，看護救助病人為第一福田。所以如果父母、師僧或弟子有病，或因身體殘障而生活不能自理，或有諸種病痛、苦惱，此時修學者應當照料其生活，以使其康復。相反，如果因其懷有瞋恨心而對此漠然淡視，或者在僧房中，或者在城邑、曠野、山林、道路中遇見而不救濟，此則犯了輕垢罪。」

【說　明】慈心修行，慈心就在行中；慈在心中，則處處都有慈行，不待有心為慈才有慈在。

第十　不畜殺具戒

「若佛子，不得畜一切刀杖、弓箭、鉾斧、鬪戰之具，及惡羅網殺生之器。一切不得畜。而菩薩乃至殺父母，尚不加報❶，況殺一切眾生。不得畜殺眾生具。若故畜者❷，犯輕垢罪。

如是十戒，應當學，敬心奉持。下〈六度品〉中廣明。」

【注　釋】❶加報　加以報復。❷若故畜者　《大正藏》本此句為「若故畜一切刀杖者」。

【語　譯】「作為佛弟子者，不得保存一切刀杖、弓箭、鉾斧、鬥戰等兵器，也不能擁有漁網鳥籠等殺生之器。而菩薩者對於殺父母之仇尚能不加報復，能以慈悲泯怨仇，何況要殘殺一切眾生。是故，修習菩薩乘者不能保存擁有一切殺生之器具。如果擁有，則犯了輕垢罪。

對如是十戒應當學，佛子應敬心奉持。下〈六度品〉中廣明其相。」

【說　明】以慈悲為本，禁殺護生即是必然之為。

第十一　國使戒

佛言：「佛子，不得為利養❶惡心故，通國使命、軍陣合會、興師相伐、殺無量眾生。而菩薩尚不得入軍中往來，況故作國賊。若故作者，犯輕垢罪。」

【注　釋】❶利養　出家僧眾因不直接從事生產勞動，其衣食住行等生活必需品和修行場地，主要是靠在家居士或一般民眾提供（如有名的給孤獨園），此稱為供養。最初的供養主要是以生活所必需為主，如衣服、飲食、臥具和湯藥等稱為四事供養。為了使出家眾能夠清心修行，不為物欲所累，所以初期佛教嚴禁僧眾個人擁有財產。後來隨著佛教教理的發展，供養的涵義也就有了深化。

【語　譯】佛說：「佛弟子不得為了多獲得利養之私欲心，而參與國家事務，或參與軍隊、興師打仗，甚至於殘殺無數的眾生。修菩薩道者根本就不能參與軍中事務，何況欲作國之賊子作奸犯科。所以，如果有如此之行為者，即犯了輕垢罪。」

【說　明】不參與世事，能保僧團和合發展。《佛遺教經》中也有「不得參預世事通致使命」之告誡。

這裡提供一個生動的事例。唐時玄奘回國不久，去見唐太宗李世民。此時太宗正集大軍於洛陽欲伐遼東。兩人「清言既交，遂不知日昃。」太宗遺憾地說：「匆匆言猶未盡意，欲共師東行，省方觀欲，指麾之外，別更談敘，師意如何？」玄奘婉拒道：「玄奘遠來，兼有疾疹，恐不堪陪駕。」太宗不解，「師尚能孤遊絕域，今行此蓋同跬步，安足辭焉？」玄奘對曰：「陛下東征，六軍奉衛，罰亂國、誅賊臣，必有牧野之功，昆陽之捷。玄奘自度，終無裨助行陣之效，虛負塗路費損之慚。加以兵戎戰鬥，律制不得觀看。既佛有此言，不敢不奏。伏願天慈哀矜，即玄奘幸甚。」帝信納而止。(參見《大慈寺三藏法師傳》卷六)

第十二　販賣戒

「若佛子，故販賣良人、奴婢、六畜，市易棺材板木盛死之具，尚不應自作❶，況教人作。若故自作，教人作者，犯輕垢罪。」

【注　釋】❶尚不應自作　《大正藏》本為「尚不自作」。

【語　譯】「作為佛弟子者，有意販賣人口、奴婢、六畜，在市場上從事棺材、板木等盛死之物品的交易，這都是不應當作的，如果還教人慫恿別人來作，如是則犯輕垢罪。」

【說　明】出入市曹、沉湎聚落則可能會攝受俗事、見聞聲色，致使諸惡根難拔，重發三毒，障礙修業，故有此制戒。

第十三　謗毀戒

「若佛子，以惡心故，無事謗他、良人、善人❶、法師、師僧、國王、貴人，言犯七逆十重。父母兄弟六親❷中，應生孝順心、慈悲心，而反更加於逆害，墮不如意處❸者，犯輕垢罪。」

【注　釋】❶善人　此處當指善男子、善女人，即崇信佛道、樂於聞法之人。❷六親　即指父、母、兄、弟、妻、子。❸不如意處　其本意即是不願意、不滿意的地方。如義淨譯的《根本說一切有部毘奈耶》卷四：「苾芻入宮，王之所重尊勝大臣被黜職位。便作是念：豈非苾芻於王讒說，令我墮在不如意處。」但佛教經典所說的「墮入不如意處」即是說犯了波羅夷罪。如明曠刪補的《天台菩薩戒疏》卷上說：「若諸菩薩已於戒師所三說受菩薩戒竟。若自殺人、若教他殺人，非真菩薩，假名菩薩。無慚無愧犯波羅夷報、墮地獄不如意處。」

【語　譯】「作為佛弟子者以其慳、吝之惡心，毫無根據地誹謗他人、誹謗善男子善女人，以及中傷法師、和尚、國王和其他可敬之人。如若誹謗他們即犯了七逆十重之罪。菩薩應當以孝順和慈愛之心對待父母兄弟妻子六親之人。如果不是這樣，反而生有加害之心，即會墮不如意處，犯了輕垢罪。」

【說　明】三業十行，口者有四。發心為道即要慎言善語，謗人者只能使自己得到惡報。

第十四　放火焚燒戒

「若佛子，以惡心故，放大火燒山林曠野。四月乃至九月❶放火。若燒他人家屋宅、城邑、僧房、田木，及鬼神官物。一切有主物，不得故燒。若故燒者，犯輕垢罪。」

【注　釋】❶四月乃至九月　此時正是大自然中生命旺盛之時，山林曠野，草長鶯飛，蟲蛾遍地，此時放火燒山，殺害生命無數，罪孽更重。而僧眾的夏安居之舉也本有此意，以免外出踏傷無數生命，甚至植物之初芽。

【語　譯】「作為佛弟子者，以其貪吝報復之惡心，縱火焚燒山林曠野；或者在四月至九月山林曠野中生命最為旺盛的時候放火；或者燒其他人的房屋城邑、寺院僧房、林間田木，以及一切鬼神的官物，這都為聖戒所不允。一切有主物均不得燒。如若犯之，則為輕垢罪。」

【說　明】眾生平等，一切眾生都有佛性，都是當成佛。要視一切眾生為己父母，珍惜眾生生命。

第十五　僻教戒

「若佛子，自佛弟子，及外道、惡人❶、六親，一切善知識，應一一一教受持大乘經律，教解義理，使發菩提心。十發趣心、十長養心、十金剛心，於三十心中，一一解其次第法用。而菩薩以惡心、瞋心，橫教二乘聲聞經律，外道邪見論等，犯輕垢罪。」

【注釋】❶惡人　指身、口、意之不善之人。外道與惡人不僅不信佛法，甚至否認誹謗佛法。在本經中所說的惡人，即是不願受菩薩戒者。

【語譯】「作為佛弟子者，不論是對佛弟子，還是對一切信佛或不信佛的外道惡人；不論是對六親，還是對於一切的善知識，都應當悉心對其一一詳解傳授大乘經律之奧義，以促使他們發菩提心，開十發趣心、十長養心和十金剛心。並對他們一一詳解此三十心之真諦作用。相反，如果佛子不僅不是這樣以慈悲之心廣為傳授大乘經律，反而以其惡心、瞋心，傳授聲聞辟支二乘經律之意，甚至熱衷於宣揚外道邪見，此即犯了輕垢罪。」

【說明】修習菩薩行，即要以佛法為本，方可成正果。如果心不一專，則難以成功。

第十六　為利倒說❶戒

「若佛子，應好心先學大乘威儀❷經律，廣開解義味。見後新學菩薩，有從百里、千里來求大乘經律，應如法為說一切苦行❸。若燒身、燒臂、燒指❹；若不燒身、臂、指供養諸佛，非出家菩薩；乃至餓虎狼獅子，一切餓鬼，悉應捨身肉手足而供養之。然後一一次第為說正法，使心開意解。

而菩薩為利養故，為名聞故❺，應答不答，倒說經律文字，無前無後，謗三寶說者，犯輕垢罪。」

【注　釋】❶倒說　即顛倒說法，即後文所說的無前無後。說法者，本應讓眾生先明苦行，以之達空，再說佛法，了悟第一義諦。如果先說法而後說苦行，則會使眾生入其法執，不利修道。也可泛指顛倒曲解經律原意，甚至誹謗佛法僧三寶。❷威儀　佛教為了有利正法個行、息世譏嫌，非常重視佛子的行住坐臥之莊嚴。所以有三千威儀、八萬律儀之說，它們涵蓋佛子生活的方方面面。在很大程度上說，威儀也即為禁戒。❸苦行　佛教修習的方法，如阿蘭若行、頭陀行等。苦行者以其辛勞、艱難和身心的苦厄，鍛鍊身心，並通過王子投虎般的獻身精神為眾生服務，多年矢志不移，其心如磐石般不退，以斷其我執，求得聖智而徹悟，見己法身。如世尊苦行六年，達摩面壁九年，二祖斷臂求法，六祖腰石舂米，雪峰當飯頭。❹燒身燒臂燒指　此處並不一定意味著實際活動的燒身、燒臂、燒指，而是指通過經年苦行，而達於不見有己，我執漸輕，我相不現，始見法身，如推窗見月般清澈剔透，身心全無，是名燒身供養如來。正因為苦行者易於走向為苦行而苦行之路，所以世尊後來放棄了苦行。❺為名聞故　《大正藏》本無「為名聞故」。

【語　譯】「作為佛弟子者，應誠心習學大乘禁戒經律，廣究其甚深之意。這樣，若有新發心學佛者從百里、千里之外來求教大乘經律，才能為其如法細解一切苦行之意。苦行之法要求修學者以燒身、燒臂或燃指為供養，若不能做到這一點，說明修學者仍然執於凡夫的身體之相，而非菩薩。修學者對於餓虎狼獅子、一切餓鬼等，均應不畏苦厄與之傳授，或以身肉手足供養、以法濟之，使其了明聖法真義。

如果修道者為了廣獲利養，為了自己的虛名，慳法吝慈，應答不答，甚至不按修道之步驟和經律原意弘說深義，在說法中誹謗三寶者，則犯了輕垢罪。」

【說　明】修己自度，更為度他。度他是幫他自度，所以要廣為眾生說法，使其悟道，早入聖智。

第十七　恃勢乞求戒

「若佛子，自為飲食、錢財、利養、名譽故，親近國王、王子、大臣、百官，恃作形勢，乞索打拍牽挽，橫取錢財。一切求利，名為惡求。多求、教他人求，都無慈愍心❶。無孝順心者，犯輕垢罪。」

【注　釋】❶慈愍心　《大正藏》本「慈愍心」為「慈心」。

【語　譯】「作為佛弟子者，為了自己多獲得飲食、錢財之利養，為了獲得名聲而親近國王、王子、大臣、百官等，攀權附勢，並依仗其權勢，強取豪奪。如此對利養的追求均為惡求。這種惡求、教他人求，對眾生、弱者無任何慈憫之心、無孝順之心，這即犯了輕垢罪。」

【說明】求法修道為的是正法正見，而不是為名聞利養。

第十八　無解作師戒

「若佛子，應學十二部經❶，誦戒，日日六時❷持菩薩戒，解其義理佛性之性。而菩薩不解一句一偈，及❸戒律因緣，詐言能解者，即為自欺誑、亦欺誑他人。一一不解，一切法不知，而為他人作師授戒者，犯輕垢罪。」

【注　釋】❶十二部經　十二部經乃是對佛陀所弘的一代教法之一種分類方法。它們是：(1)契經，或常稱之為「修多羅」；(2)應頌；(3)記別；(4)諷頌；(5)自說；(6)因緣；(7)譬喻；(8)本事；(9)本生；(10)方廣；(11)希法；(12)論議。❷六時　把一晝夜分為六個時段，稱為六時。它們是晝三時——晨朝、日中、日沒，以及夜三時——初夜、中夜和後夜。《大正藏》本最初幾句為「若佛子，學誦戒者，日夜六時持菩薩戒……」。❸及　《大正藏》本無「及」字。

【語　譯】「作為佛弟子者，應當廣為學習一切佛教法門，誦詠戒律，每天應學習持守菩薩戒，深解其中所言成就佛性的甚深之意。相反，如果對經偈聖法真理不能有著精湛的把握與理解，不理解戒律的持守因緣之理，而妄言自己已經深解經義，這不僅是自我欺騙，也是欺誑他人。這種對一切法都不解不知而妄為他人師講說授戒者，即犯了輕垢罪。」

【說　明】此處說明，要為人師者，不能以不知詐稱已知；也不能道聽塗說，不解經律之真義而為人師。即要求佛子要領悟一切經律之真意，方可為人師。

第十九　兩舌❶戒

「若佛子，以惡心故，見持戒比丘，手捉香爐，行菩薩行，而鬪遘兩頭，謗欺賢人。無惡不造者，犯輕垢罪。」

【注　釋】❶兩舌　十惡業（殺生、偷盜、邪婬、妄語、兩舌、惡口、綺語、貪欲、瞋恚、邪見）之一，即在兩者之間聽風成雨、搬弄是非、捕風捉影、挑撥離間之行為。因為此種行為能破僧眾之和合，所以列之為戒。《四分律》以之為「波逸提」罪。依佛教教義，犯兩舌罪者，能遭墮三惡道之報。即使生人中，也得二種惡報，一者得弊病眷屬，二者得不和眷屬。

【語　譯】「作為佛弟子者，因其惡心目的，看見有持戒比丘、手持香爐虔誠地作菩薩修行，便心懷嫉妒、無中生有地挑撥離間，搬弄是非，誹謗賢者。如是無惡不為，則犯了輕垢罪。」

【說　明】惡心嫉人，害人害己。故勸戒制之。

第二十　不行放救戒

「若佛子，以慈心故，行放生業，應作是念❶：一切男子是我父，一切女人是我母。我生生無不從之受生。故六道眾生，皆是我父母。而殺而食者，即殺我父母，亦殺我故身。一切地水，是我先身；一切火風，是我本體。故當行放生業，生生受生，常住之法，教人放生❷。若見世人殺畜生時，應方便救護，解其苦難。常教化講說菩薩戒，救度眾生。若父母兄弟死亡之日，應請法師講菩薩戒經律❸，福資亡者❹，得見諸佛，生人天上。若不爾者，犯輕垢罪。」

如上十戒，應當學，敬心奉持。〈滅罪品〉中，廣明一一戒相。

【注 釋】❶應作是念　《大正藏》本為「常作是念」。❷故當行放生業三句　《大正藏》本此處為「故常行放生，生受生常住之法，教人放生」。常住，其意是指貫通過去、現在和未來三世，恆久不滅、永不變易者。佛教眾多經典言如來法身常住不滅，聖法當然也為不滅。此處所說「常住之法」，即為佛法。❸律　《大正藏》本無「律」字。❹福資亡者　即為亡者增福。

【語 譯】「作為佛弟子者，在發慈心而作放生之善行時，應當這樣想：一切男子都是我的父親，一切女人都是我的母親，我的生命正是他們所賦予。推而廣之，六道眾生皆是我的父母。所以，對其殺生而食者，即是殺自己的父母，從而也即是殺自己的過去之身。一切地水，都是我的先前之身，一切地火，都是我生命之所本。所以，應當行放生之善舉，生生受生，佛法教人行善放生。如果佛子見到不信佛者殺生為食，就應施行一切方法救護，救其生命於刀俎之厄。發心修佛者，也應當經常向眾生演說佛之菩薩戒，通過對其他生命的救助而救護眾生不得惡報。並且，在父母兄弟死亡之日，也應當請法師向眾生宣講菩薩戒及經律，以之為亡者資福，使其生於人天上。若不這樣做，即犯了輕垢罪。」

如是十戒應當學，敬心奉持。在〈滅罪品〉中，廣明一一戒相。

【說　明】佛子不僅不殺，還要勸人放生，廣護一切生命。在親者祭日請高僧說法，已成為中國民俗之一，深深地融入了中國的社會心理和情感之中。由此也可見大乘佛教對中國社會的深遠影響。

第二十一　瞋打報仇戒

佛言：「佛子，不得以瞋報瞋、以打報打。若殺父母兄弟六親，不得加報。若國主為他人殺者，亦不得加報。殺生報生，不孝順道。尚不畜奴婢、打拍、辱罵。日日起三業❶，口罪無量，況故作七逆之罪。而出家菩薩，無慈心報仇，乃至六親中。故作報者，犯輕垢罪。」

【注　釋】❶三業　即身、口、意三業。外在的動作行為是身業，兩舌罵辱等為口業，心內起貪瞋等是意業。

【語　譯】佛說：「作為佛弟子者，不得以瞋報瞋，以打報打。即使有殺父母兄弟六親之仇，也不得加以報復；即使國主為他人所殺，亦不得以殺報殺。因為以殺生為手段報復生命，是不合聖法孝道的。修菩薩道者，尚不能畜養奴婢，或打拍辱罵他們，何況故意犯了七逆之罪。佛子當知，每一天都可能造作三業，口業更可能無量，因而更要警惕。相反，出家菩薩，要以慈悲為本，對殺六親者，不能以怨報怨，蓄意以殺報殺。冤冤相報者，則犯了輕垢罪。」

【說　明】菩薩之道，慈悲為懷。以德報怨正是其典型表現。

第二十二　憍慢不請法戒

「若佛子，初始出家，未有所解，而自恃聰明有智，或恃高貴年宿，或恃大姓高門，大解❶大富饒財七寶，以此憍慢，而不諮受先學法師經律。其法師者，或小姓年少卑門，貧窮下賤，諸根不具，而實有德，一切經律盡解。而新學菩薩，不得觀法師種姓。而不來諮受法師第一義諦者，犯輕垢罪。」

【注　釋】❶大解　即飽學之士。

【語　譯】「作為佛弟子者，如果剛出家，對大乘經律奧義還沒深入了解，便自認為聰明博學，或者自認為出身高貴、年長德碩，或者自認為出自名門大戶，或自恃學問廣博、萬貫家財而以為自己已經廣解經律、深領精髓。故而就以此為傲，對先學經律法師，不以為然，倨慢不敬。要不然就認為先學法師，或種性低下、年少德淺，或出身寒門、貧窮下賤。或者看到先學法師諸根不全、生理有缺，便對其漫不經心，而沒有看到先學法師所具有的碩學高德，對大乘經律精義領悟盡解。所以，新發心求道者，不能因法師出身種姓低下，而不向其請教佛說的高深妙理。如果這樣，則犯了輕垢罪。」

【說　明】求學者，以德高學碩為師，而不是看他的財富地位和個人相貌，如此才能有利於學業長進。

第二十三　憍慢僻說❶戒

「若佛子，佛滅度後，欲以好心受菩薩戒時，於佛菩薩形像前，自誓受戒❷。當七日佛前懺悔，得見好相❸，便得戒。若不得好相時❹，應二七三七、乃至一年，要得好相。得好相已，便得佛菩薩形像前受戒。若不得好相，雖佛像前受戒，不得戒。

若現前先受菩薩戒，法師前受戒時，不須要見好相。何以故？是❺

法師師師相授，故不須好相。是以法師前受戒時❻，即得戒。以生至重心故❼，便得戒。

若千里內無能授戒師，得佛菩薩形像前，自誓❽受戒，而要見好相。若法師自倚解經律、大乘學戒，與國王、太子、百官，以為善友，而新學菩薩來問，若經義、律義，輕心、惡心、慢心，不一一好答問者，犯輕垢罪。」

【注釋】❶僻說　因慳吝之心使然，對於求法者，答非所問，或不如法而答。❷自誓受戒　受菩薩戒較為寬鬆和溫和，可以通過法師授戒而得戒，也可通過在菩薩像前發四弘大願之心自誓而得。自誓受戒分為三種：一者，是在諸佛菩薩面前受得，此為真實上品戒；二者，是在諸佛菩薩滅度後，千里內有先受戒菩薩者，請其為法師教授戒，使得正法戒，此為中品戒；三者，在佛滅度後，千里之內無法師為受戒時，應在諸佛菩薩形像前跪合掌自誓受戒，此乃是下品戒。❸好相　此處指感戒後而得的一種精神上的昇華與感悟。如得見諸佛摩頂、得見蓮華光明等。如梁《高僧傳》卷二〈曇無讖傳〉載，沙門道進為受菩薩戒，乃竭誠勠力，且禪且懺三年，最後乃於禪定中見釋迦文佛與諸大士授其戒法。那天晚上，同止者十餘人也有如道進同樣的發現。這即是指感得菩薩戒後的一種好相。❹若不得好相時　《大正藏》本無「時」字。❺是　《大正藏》本為「以是」。❻是以法師前受戒時　《大正藏》本無「時」字。❼以生至重心故　《大正藏》本為「以生重心故」。❽自誓　《大正藏》本無「自誓」二字。

【語譯】「作為佛弟子者，在佛滅度之後，欲以求善之心受菩薩戒時，又不能得佛親授，可於佛菩薩形像前，自誓受戒。這要在佛前懺悔七日，即可得見好相，如是便已得戒。若七日已過，未得見好相時，應再接再厲，加以懺悔二七日、三七日，乃至一年，如此，若得見好相，便證明已在佛菩薩形像前受戒。若仍不能得好相，雖在佛像前自誓受戒，但仍不得戒。

不過，如果戒和尚已經此前先受得菩薩戒，新學菩薩在法師前受戒時，不需要見好相即可得戒。為什麼這樣說呢？是因為法師之戒乃是師師相授，以戒傳戒、得佛真義，如佛親授一般，故不需好相。所以，在法師前受戒畢，即已得戒。法師傳戒傳與後人，通過白四羯磨，則以至重心領受法師所傳之戒，故得戒。

可是，若千里之內無能授戒師，求戒者必須在佛菩薩形像前，自誓受戒，這就要求懺悔日滿後必須見得好相，才成。若有大乘法師，自恃精解經律、了知大乘學戒，但卻沉湎於與國王、太子、百官權貴應酬為友，而對遠道而來求學問戒的新學菩薩不以為然，對他們所問經律深義不屑一顧，以輕心、惡心、慢心待之，不認真一一回答者，則犯輕垢罪。」

【說明】受戒持戒在於主體的自覺性，心中有了自律之信念，受戒持戒方成。

第二十四　不習學佛戒

「若佛子，有佛經律大乘法❶，正見、正性❷、正法身❸，而不能勤學修習。而捨七寶，反學邪見、二乘、外道俗典、阿毗曇雜論❹、一切❺書記，是斷佛性，障道因緣，非行菩薩道者。若故作者，犯輕垢罪。」

【注　釋】❶大乘法　《大正藏》本為「大乘正法」。❷正性　本意為能夠悟入涅槃之境，或者能夠達於涅槃之道為正性。❸正法身　佛子以其所具佛性，嚴護厚植，修三學、行六度，達於佛慧，所成就的功德法身。此處指佛的法身。❹阿毗曇雜論　三藏之一。阿毗曇，梵語的音譯，或稱為阿毗達磨，或略稱為毗曇，其意為「對法」，是早期對佛教要義、名詞加以分別、整理所成。若把其與經、律對稱，則稱之為論。其完整的、系統的阿毗達磨論盛行於部派佛教時代，此處泛指一切小乘經典。在佛教發展史上，小乘的阿毗達磨有著重要的意義。

❺一切　《大正藏》本無「一切」二字。

【語　譯】「作為佛弟子者，面對佛教大乘經律而置若罔聞，對於正見、正性、正法身之大道義理而熟視無睹不去學習奉持，捨棄七寶般的大乘經律不顧，反去學習外道邪見、俗典，或二乘經律，乃至阿毗達磨諸雜論，或別的俗文雜典。如此之舉，則能斷其佛性、毀其成道因緣。因此這不是修習菩薩道者應為之事。若明知故作者，則犯了輕垢罪。」

【說　明】修習大乘者，要以大乘為本，方能心無旁騖、不墮邪見。

第二十五　不善知眾戒

「若佛子，佛滅度後❶，為說法主❷、為行法主❸、為僧房主❹、為教化主❺、坐禪主❻、行來主❼，應生慈心，善和鬬諍❽，善守三寶物，莫無度用，如自己有。而反亂眾鬬諍，恣心用三寶物者，犯輕垢罪。」

【注　釋】❶佛滅度後　《大正藏》本為「佛滅後」。❷說法主　升座說法之師。❸行法主　主持清規、檢點戒律之僧。❹僧房主　寺院主僧或當家師傅。❺教化主　以法濟世、廣種三寶善根者。❻坐禪主　禪堂之堂主和維那師（原中統領、掌管雜事的僧人）。❼行來主　即在禪林中掌管迎送與應接賓客之僧眾，名為知客，或作典客、典賓，為西序六頭首之一。❽善和鬬訟　善和，即六和：身和同住、口和無諍、意和同悅、利和同均、戒和同修、見和同解。鬬訟，即諍訟，事諍、物諍、言諍、犯諍。

【語　譯】「作為佛弟子者，在佛滅度以後，不論是為說法主、為行法主、為僧房主、為教化主、為坐禪主，還是為知客行來主，都應生慈心，與同修做到身和同住、口和無諍、意和同悅、利和同均、戒和同修、見和同解。避免事諍、物諍、言諍、犯諍，保管好三寶之物，有計畫地節儉使用，以利四方僧眾，正如對待自己之物一般。相反，如若不能和合同修，反生諍訟，三寶之物使用無度，則犯了輕垢罪。」

【說　明】本戒主要是為了僧團的和合發展，而針對僧團內部各個部門的主事僧的要求。

第二十六　獨受利養戒

「若佛子，先在僧坊中住，若❶見客菩薩比丘，來入僧坊、舍宅、城邑，若國王宅舍中，乃至夏坐安居處、及大會❷中，先住僧應迎來送去，飲食供養、房舍臥具、繩牀木牀❸，事事給與。若無物，應賣自身❹及男女身，應割自身肉賣，供給所需，悉以與之。

若有檀越❺來請眾僧，客僧有利養分。僧坊主應次第差客僧受請。而先住僧獨受請，而不差客僧者❻，僧坊主得無量罪，畜生無異。非沙門，非釋種姓，犯輕垢罪。」

【注釋】❶若　《大正藏》本為「後」。❷大會　指各種法會，如講經大法會、水陸大法會、傳戒大法會等。❸木牀　《大正藏》本無「木牀」二字。❹賣自身　即不辭勞苦，為眾講法念經，以求得供養，資助客僧。《大正藏》本此句為「若無物，應賣自身及以男女供給所須，悉以與之。」❺檀越　梵語的音譯，謂施主也。因為施以財法而得果報，越即為施之功德，已越貧窮海之義也。義淨《南海寄歸內法傳》卷一說：「梵云陀那缽底，譯為施主。陀那是施，缽底是主。而言檀越者，本非正譯。略去那字取上陀音轉名為檀，更加越字。意道由行檀舍自可越渡貧窮，妙釋雖然，終乖正本。」❻者　《大正藏》本無「者」字。

【語譯】「作為佛弟子者，先入僧坊住，則成為僧坊主。若見有遠道而來的菩薩比丘，入僧坊、舍宅、城邑投住，或若他們入國王宅舍府第投住，或者他們來到夏坐安居之處及各種法會中。先住僧都應迎來送去，熱情招待，提供飲食、房舍、臥具、繩牀、木牀等一切所需。若無物資供，應通過念經講法求得供養而資助客僧，甚至應割自身肉賣，如數供僧所需。

若遇有檀越來請眾僧以供養，不論普請還是限請，客僧也都應得到利養。僧坊主更應次第差客僧先受請。如果先住僧獨受請，而不安排客僧應請者，僧坊主即得無量罪，此行此心與畜生一般。更非沙門，也非我佛門弟子，其已經犯了輕垢罪。」

【說　明】通過以戒律的形式，建立並堅定天下釋子一家的信念，以利於僧團和合、聖法久住。

第二十七　受別請戒

「若佛子，一切不得受別請❶、利養入己，而此利養屬十方僧❷。而別受請，即是取十方僧物入己。八福田中，諸佛、聖人、一一師僧、父母、病人物，自己用故，犯輕垢罪。」

【注　釋】❶別請　意為在家者在供養時，在僧伽中特別地指定某人接受其供養。❷十方僧　或稱為四方僧，即所有僧眾，或僧伽之全體。

【語　譯】「作為佛弟子者，任何人不得單獨接受並占有施主的供養，要知道一切供養理應都屬於僧伽大眾。如果單獨接受供養，即是奪大眾之物占為己有。如若單獨占有諸佛、菩薩、僧、和尚、阿闍黎（授戒時教弟子法律的和尚）、父母、病人等八福田之物為自己所有，則犯了輕垢罪。」

【說　明】貪得物欲，妨礙僧團和合，更障己修道。

第二十八 別請僧戒

「若佛子，有出家菩薩、在家菩薩，及一切檀越，請僧福田❶，求願之時，應入僧坊，問知事人❷，今欲請僧求願。知事報言❸，次第請者，即得十方賢聖僧。而世人別請五百羅漢、菩薩僧，不如僧次一凡夫僧。若別請僧者，是外道法。七佛❹無別請法，不孝順道。若故別請僧者，犯輕垢罪。」

【注釋】❶福田　布施供養者也能得到諸多善的果報，此布施即如田地勞動，必有收益。如在家檀越即可得到求壽、求財、求父母平安或求超度先人之果報。❷知事人　又稱為維那或都維那，掌管寺中僧眾雜事之僧，與上座、寺主合稱三綱。❸知事報言　《大正藏》本無「請僧求願，知事報言」。❹七佛　毗婆尸佛、尸棄佛、毗舍浮佛、拘留孫佛、拘那含牟尼佛、迦葉佛、釋迦牟尼佛。

【語　譯】「作為佛弟子者，如果有出家菩薩或在家菩薩，或者有一切檀越來請僧供養，厚植福田。求願之時，應入僧坊中，向知事人說明：今欲請僧求願。知事則要告訴他，如果次第請者，即可請得十方一切賢聖僧。其實，世人分別單獨請五百羅漢菩薩僧的功德，不如按次第請一個凡夫僧的功德大。因為別請僧者，本屬外道法。七佛之戒，無有別請法，因為這不孝順道佛法。所以，若故意別請僧者，則犯輕垢罪。」

【說　明】眾僧平等，別請非法，因為這會破壞僧團的和諧。

第二十九　邪命自活戒

「若佛子，以惡心故，為利養販賣男女色❶，自手作食，自磨自舂❷，占相男女❸，解夢吉凶，是男是女，呪術工巧，調鷹方法，和合百種毒藥、千種毒藥、蛇毒、生金銀毒、蠱毒❹，都無慈愍心，無孝順心。若故作者，犯輕垢罪。」

【注　釋】❶以惡心故二句　《大正藏》本此處為「以惡心故，為利養故，販賣男女色。」❷舂　金陵刻經處本為「春」，現據《大正藏》本改。❸占相男女　以占卜或手相術為男女婚嫁預測忌人宜凶吉。占，金陵刻經處本為「古」，現據《大正藏》本改。❹生金銀毒蠱毒　生金銀毒，即造假金銀以騙世人。蠱毒，即以毒蟲蠱咒世人。《大正藏》本為「生金銀蠱毒」。

【語　譯】「作為佛弟子者，因其惡心所使，為了求得利養而販賣人口；或者自己動手為稼作食、磨麵舂米；或者為男女婚嫁妄測忌宜，為人占卜解夢、附會吉凶；或對懷孕婦人，為其預測生男生女；或玩弄咒術；或教人調鷹之法；或者助人調和、炮製毒藥、蛇毒、造假金銀、以毒蟲放蠱等惡行。為人則無絲毫慈憫之心，也無孝順之心。若有此作為者，則犯輕垢罪。」

【說　明】佛子不能為了貪得名聞利養而旁學邪魔外道，或其他欺世盜名之術。

第三十　不敬好時❶戒

「若佛子，以惡心故，自身謗三寶，詐現親附；口便說空，行在有中。為白衣通致男女，交會婬色。作諸縛著❷，於六齋日，年三長齋月，作殺生、劫盜、破齋、犯戒者，犯輕垢罪。」

如是十戒，應當學，敬心奉持。〈制戒品〉中廣明。

【注　釋】❶好時　即指齋日和齋月。菩薩戒者每月齋日有六天：初八、十四、十五、二十三、二十九、三十（小月是二十八、二十九）。齋月有三，指正月、五月、九月。齋日是鬼神得力之日，亦乃天神巡狩人間，考察善惡之期。齋月是北天王巡遊南贍部洲之月。此等時候持齋行善，果報勝於平日，故稱為好時。另外，因為初八、二十三，四天王使者遊行人間；十四、二十九，天王太子遊行人間；十五、三十，天王親巡人間。此等時日也稱之為好時。❷作諸縛著　《大正藏》本無「作諸」二字。

【語　譯】「作為佛弟子者，因其惡心使然，親口誹謗三寶；或通過詐騙說自己曾親隨佛陀學法而得到他人的信任與恭敬；或者滿口的智慧空理，實則頑執於有；或者為白衣世俗牽線搭橋、助成淫事；或者被愚見所縛而於齋月好時作殺生、劫盜破戒之事。如若這樣，則犯了輕垢罪。」

如是十戒應當學，要敬心奉持。〈制戒品〉中對此已有詳細說明。

【說　明】在齋日或齋月之「好時」，持戒修行、反省為善，有著殊勝的功德，所以制戒為之。同時，由於在家菩薩難免於俗務，所以謹慎於齋日，也便於時時警惕自己。

第三十一　不行救贖戒

佛言：「若佛子，佛滅度後，於惡世中，若見外道、一切惡人、劫賊，賣佛菩薩父母❶形像，及賣❷經律，販賣比丘、比丘尼，亦賣發心菩薩道人。或為官使，與一切人作奴婢者。而菩薩見是事已，應生慈悲心，方便救護、處處教化，取物❸贖佛菩薩形像，及比丘、比丘尼、一切經律❹。若不贖者，犯輕垢罪。」

【注　釋】❶佛菩薩父母　佛菩薩慈悲如父母，故云佛菩薩父母。❷及賣　《大正藏》本此處為「販賣」。❸處處教化取物　要用種種方便方法救護，若資財不足，不妨對眾生廣為言說佛菩薩像、經律、僧尼三寶之珍貴，以求得大眾錢財資助，共同贖佛菩薩形像，迎奉供養。❹一切經律　《大正藏》本在「一切經律」前有「發心菩薩」四字。

【語　譯】佛說：「作為佛弟子者，在佛滅度後，如逢惡世中，遇見外道者、各種惡人和劫賊在賣佛菩薩和父母形像、販賣經律以謀取不義之財，甚至販賣比丘、比丘尼，販賣那些發心修菩薩道的善人，把他們賣為官奴，或與一切人充作奴婢者。修善道者如見此事發生，應當生慈悲之心，想盡一切辦法進行救護，如遇資財不夠，應向眾生說明三寶之珍貴，以求得眾生支援，以錢物贖回佛菩薩形像，及比丘、比丘尼、一切經律。若不盡力而贖者，則犯輕垢罪。」

【說明】三寶為佛法之本，也為住世之本，所以佛子要呵護供養。

第三十二　損害眾生戒

「若佛子，不得畜刀杖弓箭，販賣輕秤小斗❶，因官形勢，取人財物，害心繫縛，破壞成功。長養貓狸豬狗❷，故養者❸，犯輕垢罪。」

【注釋】❶輕秤小斗　剋扣斤兩，小斗出大斗入。形容買賣奸猾刁鑽。❷貓狸豬狗　貓狸者，以捕鼠為生，養之即是間接殺生；豬狗者，為世人之食用，養之也即是助殺。❸故養者　《大正藏》本為「若故作者」。

【語譯】「作為佛弟子者，不得畜刀杖弓箭等器具，因為這等於間接地助人殺生；也不能在販賣時輕秤小斗欺行霸市；也不應當依仗官府、橫行鄉里巧取豪奪他人財物；不應因其貪婪害心繫縛，破壞他人好事；不應飼養貓狸豬狗等。如果故為故養者，則犯輕垢罪。」

【說明】本戒應主要是針對在家菩薩，因為出家菩薩者不允從事販賣，也就談不上輕秤小斗之過。

第三十三　邪業覺觀❶戒

「若佛子，以惡心故，觀一切男女等鬪❷，軍陣兵將、劫賊等鬪。亦不得聽吹唄、鼓角、琴、瑟、箏、笛、箜、歌叫妓樂之聲，不得摴捕❸、圍棋、波羅塞戲、彈棋、陸博、拍毱、擲石投壺、牽道、八道行城❹，爪鏡、蓍草、楊枝、鉢盂、髑髏而作卜筮❺。不得作盜賊使命。一一不得作，若故作者，犯輕垢罪。」

【注釋】❶覺觀　心之官則為思。粗思名覺，細思名觀，覺觀都能擾亂定心。❷男女等鬪　指帶有色情的男女戲笑打鬧。❸捕　《大正藏》本為「蒱」。❹圍棋波羅塞戲彈棋陸博拍毱擲石投壺牽道八道行城　此句所言諸種，皆為賭博或遊戲之名。❺爪鏡蓍草楊枝鉢盂髑髏而作卜筮　此句所言者為外道或世俗所用卜筮之法。

【語譯】「作為佛弟子者，不要因其惡心所使，對男女放蕩戲鬧、軍隊戰場廝殺、劫賊掄財奪寶之打鬥等事興趣盎然地欣賞觀看；不能沉醉於聽吹唄、鼓角、琴、瑟、箏、笛、箜、歌叫妓樂之聲不能自拔；也不得沉湎於摴捕、圍棋、波羅塞戲、彈棋、陸博、拍毱、擲石投壺、牽道、八道行城等活動而玩物喪志；也不允許像外道之人那樣整日以爪鏡、蓍草、楊枝、鉢盂、髑髏而作卜筮，障礙修行正法；也不能為賊人通風報信，同流合汙。上述諸種一一不得而為。若故作者，則犯輕垢罪。」

【說　明】萬惡淫為首，觀諸男女放蕩戲嬉，易使人心眼相隨，生其邪念，造就邪業，動搖修道之心；歌舞昇平易使人墮落，玩物能使人喪志，卜筮能令人沉湎於非法之事。所以對此邪業，佛立戒以制之。

第三十四　暫❶念小乘戒

「若佛子，護持禁戒❷，行住坐臥、日夜六時，讀誦是戒。猶如金剛。如帶持浮囊❸欲度大海、如草繫比丘❹。常生大乘善信，自知我是未成之佛，諸佛是已成之佛。發菩提心，念念不去心。若起一念二乘外道心者，犯輕垢罪。」

【注　釋】❶暫　即暫。❷護持禁戒　即因禁戒所護持。修行者因有佛戒所護，暫時不受業障及冤親困擾，能安心修行。❸浮囊　佛教經中常出現的用於渡海的工具，此處比喻為戒。浮囊渡海，必須完整，一絲或缺，均難成功。據北本《涅槃經》卷一一〈聖行品〉第七之一：「譬如有人帶持浮囊欲渡大海。爾時海中有一羅剎，即從其人乞索浮囊，其人聞已即作是念：我今若與必定沒死。答言：羅剎，汝寧殺我，浮囊叵得。」「菩薩摩訶薩護持禁戒亦復如是，如彼渡人護惜浮囊。」不論讓與羅剎浮囊二分之一、三分之一，還是「如微塵許」，浮囊終不再能用於渡海。喻持戒若失，則難成佛道。❹草繫比丘　比喻能嚴守禁戒的比丘。《大莊嚴經論》卷三及多部經論均有此事記載。佛在世時，一群比丘途遇盜賊，盜賊即用草繫縛比丘後棄之而去，欲令其飢渴自餓而死。眾比丘唯恐斷殺草之生命，故不敢解縛。後被跋蹉國王烏陀延打獵時發現，國王親自下馬為其鬆開，並各施三衣。北本《涅槃經》卷二六〈光明遍照高貴德王菩薩品〉第十之六有云：「寧捨身命不毀禁戒如草繫比丘。」以此為例，比喻其守禁戒之嚴正。

【語譯】「作為佛弟子者，因由佛制聖戒所護，而能行住坐臥，日夜六時，隨時隨地讀誦是戒。佛戒猶如金剛無堅不摧，持有佛戒應如帶持浮囊欲渡大海，不能使浮囊有絲毫之損。持戒應依戒而行，只要堅守草繫比丘那般的信念，心中有戒而無我，則能無往而不勝。佛子應常生大乘善信，認識到自己是未成之佛，諸佛是已成之佛。堅持發菩提心，念念不去心，堅信自己只要清淨持戒即能成就佛道。如若生起二乘外道之心，則犯了輕垢罪。」

【說　明】戒為無上菩提本，寧持戒而死不破戒而生。僅發菩提心是不夠的，還要嚴謹持戒，戒相光潔，以戒護心。

第三十五　不發願戒

「若佛子，常應發一切願：孝順父母師僧；願得好師，同學善知識，常教我大乘經律；十發趣、十長養、十金剛、十地，使我開解。如法修行，堅持佛戒，寧捨身命，念念不去心。若一切菩薩不發是願者，犯輕垢罪。」

【語　譯】「作為佛弟子者，常應發一切大願，不僅要孝順父母師僧，還願得大德為師，更願有志尚高遠的同學善知識，常教我大乘經律，切磋砥礪，助成佛道。藉此法緣，把十發趣、十長養、十金剛、十地之精義了悟心中、聞達信解，並能如法而行。堅持佛戒，寧捨身命，不壞佛戒，心不離戒。若一切菩薩不發如是大願，則犯了輕垢罪。」

【說　明】發菩提心，是為菩提願，有為道之心，還要有為道之大願方可。此處說的是十願：(1)孝順父母師僧；(2)願得好師；(3)同學善知識；(4)常教大乘經律；(5)十發趣；(6)十長養；(7)十金剛；(8)十地；(9)開解經律、如法而行；(10)堅持佛戒。

在曇無讖譯的《菩薩地持經》卷八中有「五願」和「十願」之說。五願為：一者發心願（菩薩初發無上菩提心），二者生願（願未來世為眾生故隨善趣生），三者境界願（願正觀諸法無量等諸善根，思惟境界），四者平等願（願未來世一切菩薩善攝事），五者大願（平等願）。十種大願為：一者願一切種供養無量諸佛，二者願護持一切諸佛正法，三者願通達諸佛正法，四者願生兜率天，乃至般涅槃，五者願行菩薩一切種正行，六者願成熟一切眾生，七者願一切世界悉能現化，八者願一切菩薩一心方便以大乘度，九者願一切正方便無礙，十者願成無上正覺。

第三十六　不發誓戒

「若佛子，發是十大願已，持佛禁戒，作是願言：

寧以此身，投熾然猛火、大坑刀山，終不毀犯三世諸佛經律，與一切女人作不淨行。

復作是願，寧以熱鐵羅網千重周帀纏身，終不以此破戒之身，受於信心檀越一切衣服。

復作是願，寧以此口吞熱鐵丸，及大流猛火，經百千劫，終不以此破戒之口，食於信心檀越百味飲食。

復作是願，寧以此身臥大流猛火，羅網熱鐵地上，終不以此破戒之身，受於信心檀越百種牀座。

復作是願，寧以此身三百鉾刺身❶，經一劫二劫，終不以此破戒之身，受於信心檀越百味醫藥。

復作是願，寧以此身投熱鐵鑊經百千劫，終不此破戒之身，受於信心檀越千種房舍、屋宅、園林、田地。

復作是願，寧以鐵鎚打碎此身，從頭至足令如微塵，終不以此破戒之身，受於信心檀越恭敬禮拜。

復作是願，寧以百千熱鐵刀鉾挑其兩目，終不以此破戒之心，視他好色。

復作是願，寧以百千鐵錐劖刺耳根，經一劫二劫，終不以此破戒之心，聽好音聲。

復作是願，寧以百千刃刀割去其鼻，終不以此破戒之心，貪齅諸香❷。

復作是願，寧以百千刃刀割斷其舌，終不以此破戒之心，食人百味淨食。

復作是願，寧以利斧斬斫其身，終不以此破戒之心，貪著好觸❸。

復作是願，願一切眾生成佛。

菩薩若不發是願者，犯輕垢罪。」

【注釋】❶身　《大正藏》本無此「身」字。❷貪饞諸香　對諸種香味依戀不捨。❸好觸　即舒適的感覺。觸，即心的一種作用，是器官（六根）對外境的認識和感受。

【語譯】「作為佛弟子者，發過如上十大願、持佛禁戒之後，應作如下之誓言：

我寧以此身，投熾燃烈火大坑刀山，也將終不毀犯三世諸佛經律，與一切女人作不淨行。

我還發誓，寧以熱鐵羅網千重，苦厄纏身，也終不以破戒之身，受施於虔誠檀越的一切衣服供養。

我還發誓，寧以此口吞熱鐵丸及大流猛火經百千劫，終不以此破戒之口，食於虔誠檀越所供養的百味飲食。

我還發誓，寧以此身臥大流猛火，羅網熱鐵地上，也終不以破戒之身，受施於虔誠檀越的百種牀座。

我還發誓，寧以此身三百鉾刺身，受一劫二劫之苦痛，也終不以破戒之身，受施於虔誠檀越的百味醫藥供養。

我還發誓，寧以此身投熱鐵鑊經百千劫，也不以此破戒之身，受施於虔誠檀越的房舍、屋宅、園林、田地供養。

我還發誓，寧以鐵鎚打碎此身，從頭至足，粉身碎骨令如微塵，也終不以此破戒之身，受於信心檀越恭敬禮拜。

我還發誓，寧以百千熱鐵刀鉾挑其兩目，也終不以此破戒之心，視他好色。

我還發誓，寧以百千鐵錐，劖刺耳根，經一劫二劫之苦，也終不以此破戒之心，聽好音聲。

我還發誓，寧以百千刃刀割去其鼻，也終不以此破戒之心，貪嗅諸香。

我還發誓，寧以百千刃刀割斷其舌，也終不以此破戒之心，食人百味淨食。

我還發誓，寧以利斧斬斫其身，也終不以此破戒之心，貪著好觸。

我還發誓，願一切眾生成佛。

修菩薩之道者，若不如此發願，則犯了輕垢罪。」

【說明】此為發願之誓詞。語句鏗鏘有力，信心與誠心由此可見一斑。發菩提心則要有菩提願，有菩提願則要發誓達於此願，方為一個完整的過程。上述三節，身口意一體，意義連貫，一氣呵成。

第三十七　冒難遊行❶戒

「若佛子，常應二時頭陀❷，冬夏坐禪，結夏安居❸。常用楊枝、澡豆、三衣、缾、鉢、坐具、錫杖、香爐、漉水囊、手巾、刀子、火燧、鑷子、繩牀、經、律、佛像、菩薩形像。而菩薩行頭陀時、及遊方❹時，行來百里千里。此十八種物，常隨其身。

頭陀者，從正月十五日至三月十五日，八月十五日至十月十五日。

是二時❺中，此十八種物常隨其身，如鳥二翼。若布薩日，新學菩薩，半月半月布薩❻，誦十重四十八輕。若誦戒❼時，於諸佛菩薩形像前誦❽。一人布薩即一人誦。若二及三人、至百人千人，亦一人誦。誦者高座，聽者下座。各各披九條、七條、五條袈裟❾。結夏安居，一一如法。

若頭陀時，莫入難處，若國難惡王、土地高下、草木深邃、獅子虎狼、水、火、風、劫賊道路、毒蛇，一切難處，悉不得入。若頭陀行道，乃至夏坐安居，是諸難處，亦不得入。若故入者，犯輕垢罪。」

【注釋】❶遊行　出家人遊歷諸處，廣為參學問道、教化四方。又稱為巡錫、飛錫。禪林中則稱之為行腳，其遊行之僧侶，則被稱為行腳僧。❷頭陀　梵語的音譯，又被譯成杜多、杜荼，佛教苦行中的一種。頭陀的原意為抖擻，即一種去掉人世煩惱和痛苦的方法，通過頭陀能夠淨化精神、堅定意念。依《十二頭陀經》，頭陀之法有十二種：「一者在阿蘭若處，二者常行乞食，三者次第行乞，四者受一食乞法，五者節量食，六者中後不得飲漿，七者著納弊衣，八者但三衣，九者塚間住，十者樹下止，十一者露地坐，十二者但坐不臥。」佛教中有摩訶迦葉為頭陀第一的說法，他行十二頭陀，至老不捨。❸安居　又稱為坐夏、坐臘等，為佛教的一種修行制度，始於原始佛教時期。印度夏天雨季較長，野外生命繁殖生長旺盛，為了不因修行者出行傷害到它們的生命，故立安居制度，共三個月（道宣《四分律刪繁補闕行事鈔》卷上之四說，從四月十六日至七月十五日）。在此期間禁止修行者外出，而是坐禪修學。因為地理和氣候不同，我國、西域後世也形成了冬安居制度。❹遊方　即雲遊四方，參學問道，此種僧人稱為行腳僧、遊方頭陀、遊方僧、雲水僧等。❺二時　此處即指正月十五日至三月十五日、八月十五日至十月十五日兩段時間，即春秋二時。此時是遊方參學問道之時。從四月十五起至七月十五止，名安居期，或稱為夏安居，此時應結夏安居。❻半月半月布薩　布薩，梵文的音譯，意為說戒。同住僧眾每半月一次集中一處（布薩堂），請精研律法的比丘講說戒律，聽者依之反省自己半月的行為是否合乎法度。如有違者，則進行懺悔。因一月兩次（如初一日和十五日），所以稱為半月半月布薩。❼若誦戒　《大正藏》本無「若誦戒」三字。❽誦　《大正藏》本無該「誦」字。❾九條七條五條袈裟　合稱三衣。五條袈裟為僧眾常著之服，七條袈裟是在寺內眾中禮誦齋講時穿著，九條以上之衣，穿著於入王宮、升座說法、入里乞食、降伏外道等時穿著。

【語　譯】「作為佛弟子者，應當常行二時頭陀，在冬夏之時坐禪、結夏安居，常用之物僅有楊枝、澡豆、三衣、缾、缽、坐具、錫杖、香爐、漉水囊、手巾、刀子、火燧、鑷子、繩牀、經、律、佛像、菩薩形像。不論是菩薩在行頭陀時，或雲遊四方訪學問道，或行百里千里之遙，此十八種物，都常隨其身。

頭陀行者的遊方時間，是從正月十五日至三月十五日、八月十五日至十月十五日。在此春秋二季中，此十八種法物，常隨其身，如鳥二翼以助法緣。在布薩日，新學菩薩，應當在半月半月布薩時，誦此佛制十重四十八輕戒。在誦戒時，應於諸佛菩薩形像前誦。一人布薩，即一人誦。若二及三人、至百人千人，亦一人誦。誦者高座，聽者下座。各各披九條、七條、五條袈裟。結夏安居，衣食住行應一一如法。

佛子在頭陀時，莫入危險處。如邦有戰事、國有惡王，或土地高下難測、草木深邃、地方險要，或有獅子虎狼、毒蛇劫賊出沒之處，以及狂風常起、野火易生之地。總之，一切危險難處，都不得入。在頭陀行道時，或夏坐安居時，此種難處，亦不得入。若故入者，犯輕垢罪。」

【說　明】苦行通過勞其筋骨而練其心智、斷除煩惱，從而體會人生的真正意義。雖然佛陀後來放棄了苦行，但他並不完全反對苦行。據《佛祖統紀》卷五〈始祖摩訶迦葉尊者〉所引經典，佛陀說：「若迦葉行頭陀行，在世者我法久住。」迦葉頭陀既久，髮長衣敝來詣佛所。諸比丘皆起慢心。佛分半座令坐，迦葉不肯。佛即廣讚迦葉：「功行與我不異，何故不坐？」眾比丘聞，為之心驚。

佛陀的苦行和頭陀精神是建立在重視僧眾的生命基礎上的。因為僧眾之身是載法之器，為三寶之一，色身雖假，但能使聖法永住，故應當關愛自己，不能為了苦行而苦行。

第三十八　乖尊卑次序戒

「若佛子，應如法次第坐。先受戒者在前坐，後受戒者在後坐。不問老少，比丘、比丘尼、貴人、國王、王子，乃至黃門、奴婢，皆應先受戒者在前坐，後受戒者次第而坐。莫如外道、癡人，若老若少，無前無後，坐無次第，如兵奴之法。我佛法中，先者先坐，後者後坐。而菩薩一一不如法次第坐者，犯輕垢罪。」

【語譯】「作為佛弟子者，講法布薩應如法次第而坐。先受戒者坐在前面，後受戒者坐在後面。不問尊卑老少，比丘、比丘尼、貴人、國王、王子，乃至黃門、奴婢，皆應遵守這一次第。不要像外道者、癡人一般，若老若少，無前無後，坐無次第，如兵奴般沒有章法。在佛教儀軌中，先受戒者先坐，後受戒者後坐。而佛子如不能一一如法次第坐者，則犯輕垢罪。」

【說明】佛法重智慧、重修學，所以學高德碩者理應受到尊敬，坐在前排。這與身分地位財富沒有關係。

第三十九　不修福慧戒

「若佛子，常應教化一切眾生。建立僧房、山林園田、立作佛塔，冬夏安居坐禪處所。一切行道處皆應立之。而菩薩應為一切眾生講說大乘經律。若疾病、國難、賊難，父母、兄弟、和尚、阿闍黎亡滅之日，及三七日、四五七日❶，乃至七七日，亦應講說大乘經律。一切齋會求福，行來治生，大火所燒、大水所漂、黑風所吹船舫、江河大海羅剎之難，亦❷讀誦講說此經律。乃至一切罪報、三惡、八難、七逆、杻械枷索繫縛其身，多淫、多瞋、多愚癡、多疾病，皆應講此經律❸。而新學菩薩若不爾者，犯輕垢罪。」

如是九戒，應當學，敬心奉持。〈梵壇品〉當說。

【注釋】❶四五七日　《大正藏》本無「四五七日」四字。❷亦　《大正藏》本為「亦應」。❸皆應講此經律　《大正藏》本為「皆應讀誦講說此經律」。

【語譯】「作為佛弟子者，應常教化一切眾生，建立僧房、山林園田或立作佛塔，以為僧眾冬夏安居、供僧飲食、坐禪修道處所。一切行道處皆應立之。菩薩應當發願踐行為一切眾生講說大乘經律。即使遇有疾病、國難、賊難、父母、兄弟、和尚、法師的亡滅之日，及三七日、四五七日，亦應講說大乘經律。

在一切齋會、法會上，都應當為眾生求福，即使偶有大火所燒、大水所漂、惡風狂捲船舫、或者江河大海之羅剎惡鬼為難，都應讀誦講說大乘經律不懈。甚至遭遇一切罪報、遇到三惡、八難、七逆、杻械枷索繫縛自身失去自由時，或受多淫、多瞋、多愚癡、多疾病等諸現報果時，也皆應講此經律不止，矢志不移。如果新學菩薩不能這樣做，則犯輕垢罪。」

如上九戒，應當學，敬心奉持。〈梵壇品〉中當細說。

【說明】本節主要說明讀誦講解大乘經律要堅持不懈，不為一切逆境磨難所阻，以增進大乘心。

第四十　揀擇授戒戒

佛言：「佛子，與人授戒時，不得揀擇❶。一切國王、王子、大臣、百官、比丘、比丘尼、信男信女、婬男婬女、十八梵天、六欲天子、無根❷、二根❸、黃門、奴婢、一切鬼神，盡得受戒。

應教身所著袈裟，皆使壞色❹，與道相應。皆染使青、黃、赤、黑、紫色，一切染衣，乃至臥具，盡以壞色。身所著衣，一切染色。若一切國土中，國人所著衣服，比丘皆應與其俗有異。

若欲受戒時，應問言：現身不作七逆罪耶？菩薩法師，不得與七逆人現身受戒。七逆者，出佛身血、殺父、殺母、殺和尚、殺阿闍黎、破羯磨轉法輪僧❺、殺聖人。若具七逆，即現身不得戒。餘一切人，盡得受戒。

出家人法，不向國王禮拜、不向父母禮拜、六親不敬、鬼神不禮。但解法師語❻。有百里千里來求法者，而菩薩法師，以惡心、瞋心❼，而不即與授一切眾生戒者，犯輕垢罪。」

【注釋】❶揀擇　挑選，此處指以名聞利養為目的，而對欲受戒者以財富多寡或地位之別進行選擇區分對待。❷無根　此處「無根」當有兩種意義，一即是指無男女生殖器官之人。二是指「非情」，指無生命的器、世間之物，與「有根」（有情）對稱。佛教所說的「根」意為眼、耳、鼻、舌、身和意等人的認識器官或機能。因為能造之地、水、火、風四大能經由人的諸根而形成色、香、觸、味等識，故名之。所以，有根（有情）即指眾生。反之，山河樹木及有情生命的毛髮等物因不能使「能造」與「所造」、「能知」與「所知」相合，故也稱為無根。❸二根　此處「二根」也當有兩種意義，一是指男女二根同體者，即不男不女之人；又稱為利根和鈍根，即上根之人和下根之人。佛教認為，有一種人根性銳利，領悟佛說較快，能夠速證無上菩提妙果。但也有一種人，根性遲鈍，對佛說難以領悟。但依據佛說，他們都能證悟菩提。❹壞色　佛教認同的袈裟可用的幾種如法之色，其內容各說不同。一般認為三種壞色為青色、泥色（皂色、黑色）和茜色（木蘭色）。相反，其他如緋、紅、紫等無非法之色，袈裟不能使用。到了唐代，皇帝對德高望重的高僧大德大都賜予紫衣，以示對其的褒獎。❺羯磨轉法輪僧　即羯磨僧和轉法輪僧。受戒儀式中三師七證的三師之二僧。在授戒時為欲受戒者指示作禮乞戒儀式和規矩的阿闍梨稱為羯磨師；宣講聖法、戒律之阿闍梨稱為轉法輪僧。❻法師語　戒和尚對佛戒的闡釋，即對戒法、戒體、戒行和戒相的傳授。❼瞋心　《大正藏》本無「瞋心」二字。

【語譯】佛言：「作為佛弟子者與人授戒時，不得以其權勢地位、生命形態等為由揀擇區分。要知道，一切國王、王子、大臣、百官、比丘、比丘尼、信男信女、淫男淫女、十八梵天、六欲天子、無根、二根、黃門之人、奴婢、一切鬼神，都應當盡得受戒。

授戒時，應教其身著袈裟，且皆使壞色與聖道所言一致，一切染衣乃至臥具，皆染其為青、黃、赤、黑、紫色等壞色。在不同的國家，比丘所穿著衣服都應與其俗人著衣區別開來。

在欲受戒時，授戒師應先問：『你現身作過七逆罪嗎？』因為菩薩法師，不得為犯有七逆之罪之人現身受戒。所謂七逆之罪，即出佛身血、殺父、殺母、殺和尚、殺阿闍黎、破羯磨轉法輪僧、殺聖人。如果犯有七逆之罪，即現身不得戒。沒有犯七逆罪者，盡得受戒。

因為僧寶超越塵世凡網，所以依出家人法，不得向國王禮拜、不向父母禮拜、對六親和鬼神也都不以俗法俗禮敬之。對法師所說的佛戒的法體行相之義，應當體悟把握。如果菩薩法師，因其惡心、瞋心所然，對百里千里遠道而來的求法者，不與傳授能令一切眾生生善根成佛果之戒，則犯輕垢罪。」

【說　明】佛法強調眾生平等，所以為其說法不能因其財富地位不同而區別對待；也不能因其生命形態不同而怠慢說法。我們可以從古人筆記中讀到許多高僧為獅虎鳥獸說法講經的故事。

第四十一　為利作師❶戒

「若佛子，教化人起信心時，菩薩與他人作教誡❷法師者。見欲受戒人，應教請二師❸，和尚、阿闍黎二師。應問言：汝有七遮罪否？若現身[4]有七遮罪者，師不應與授戒；若無七遮者，得與授戒。

若有犯十重戒[5]者，教懺悔。在佛、菩薩形像前，日夜六時，誦十重四十八輕戒。若[6]到禮三世千佛得見好相者，若一七日，二三七日，乃至一年。要見好相[7]。好相者，佛來摩頂，見光華種種異相，便得滅罪。若無好相，雖懺無益[8]，是人現身亦不得戒，而得增長受戒益[9]。

若犯四十八輕戒者，對首懺悔[10]，罪便得滅，不同七遮。而教誡師，於是法中，一一好解[11]。

若不解大乘經律，若輕若重、是非之相，不解第一義諦。習種性[12]、長養性[13]、性種性、不可壞性[14]、道種性[15]、正覺性[16]，其中多少觀行出入[17]。十禪支[18]、一切行法[19]，一一不得此法中意。而菩薩為利養、為名聞故，惡求多求，貪利弟子[20]，而詐現解一切經律。為供養故，是自欺詐，亦欺詐他人。故與人授戒者，犯輕垢罪。」

【注釋】❶為利作師　指對佛所說經律本無體悟、也無踐行，僅為名聞利養而妄作人師者。佛以此戒而制之。❷誡　《大正藏》為「戒」。❸二師　此處指和尚和阿闍黎。和尚負責傳戒，故名得戒和尚；阿闍黎作法令其得戒，故名羯磨和尚。❹現身　此處指即當下生命狀態，現在的身體，也即是今生今世。❺十重戒　見本卷前文，即殺戒、盜戒、淫戒、妄語戒、酤酒戒、說四眾過戒、自讚毀他戒、慳惜加毀戒、瞋心不受悔戒、謗三寶戒。《大正藏》本此處為「十戒」。❻若　金陵刻經處本為「苦」，據《大正藏》本改。❼好相　佛教認為，若僧人定或懺悔或感得戒體之時，有一種心力的提升與感悟，以至於能感到白光照耀，佛來摩頂，見種種光華異相，此為明相，又稱為好相。❽無益　此處「無益」即是不能令其罪業徹底斷除、不能受戒之意；不是沒有益處，否則與下句矛盾，也與佛教戒律的根本精神矛盾。❾益　《大正藏》本無「益」字。❿對首懺悔　或稱為對首懺，即面對面的懺悔認錯，為三羯磨法之一。指僧眾在布薩或夏安居之最後一日，犯輕罪者向其他修行者的謝罪之事。因懺悔者在懺悔時，應雙手合十，直陳事實以謝罪，故而也稱為對手懺悔。《大正藏》本為「對首懺罪滅」。⓫一一好解　即讓求戒者明白：犯有七遮罪，不通過懺悔，不與授戒。犯了十重罪，得向佛前懺悔，見有好相則罪業盡滅，可以授戒；若無好相，則不能授戒，但此懺悔能利益將來得戒。犯有四十八輕，對首懺悔，罪即滅，即可授戒。⓬習種性　與「性種性」相對而稱。所謂「種性」，簡而言之即是大乘佛教所說的能夠證得菩提的本性或可能性。與「性種性」所表述的是從無始以來即法爾自存的本性不同，「習種性」指的是後天的修習所獲得的種性。前者依於第八阿賴耶識，持之而不壞失，而習種性乃是後天聽道聞法之修習和熏習而得而成。⓭長養性　據鳩摩羅什譯《佛說仁王護國般若波羅蜜經》之〈菩薩教化品〉所言，菩薩在初發心的「伏忍位」，能夠生起「習種性」之十心（與本經所說的「十長養心」不同），即信心、精進心、念心、慧心、定心、施心、戒心、護心、願心、迴向心。此「十心」能夠長養聖胎。也即是說，此十心皆為習種性，可以後天得成。⓮不可壞性　此處不可壞性當指性種性，因其依於第八阿賴耶識，雖經六道輪迴也不可損壞，而保有其體性。⓯道

種性　菩薩六種性（另五種為習種性、性種性、聖種性、平等性、妙覺性）之一。其意為在十迴向位，此位的菩薩因為修習中道之妙觀而能通達佛法。⑯正覺性　正覺，即無上正等正覺，或三菩提。正覺性即是能達於無上佛智的種性。⑰觀行出入　觀行出入之別是因為菩薩位階不同。如十住位者修空觀多、假觀少；十行位者修假觀多、空觀少；十迴向位者修中觀多、空假觀少。十住從假觀入空觀，十行從空觀入假觀，十迴向者出於二邊而入於中道。初地至四地「有相觀」多，「無相觀」少；五地至七地「無相觀」多，「有相觀」少；八地至十地「純無相觀」。⑱十禪支　即四禪天中所修的觀法，是禪修的一種功德。⑲一切行法　即一切行禪法，它涵蓋大乘的一切行法。共有十三種：善禪、無記化化禪、止分禪、觀分禪、自他利禪、正念禪、出生神通力功德禪、名緣禪、義緣禪、止相緣禪、舉相緣禪、捨相緣禪、現法樂住第一義禪。⑳貪利弟子　意即為了從弟子那裡貪得名聞利養而多收弟子。

【語　譯】「作為佛弟子者，應當廣為教化眾生起皈依三寶信心。當有人願隨教戒法師學習何者能作、何者禁止時，即應請教戒和尚與阿闍黎。傳戒和尚、羯磨和尚二師在傳授之時，應如此問：『你今世犯有七遮罪嗎？』若其有七遮大罪，二師不應與其授戒；若無犯七遮罪者，可與其授戒。

若有犯十重戒者，應令其懺悔。在佛、菩薩形像前，日夜六時，誦十重四十八輕戒不止。若其通過慈悲苦心禮懺三世千佛而得見好相，即可授戒。此種懺悔或一七日、二三七日，乃至一年，必須要見到好相乃成。所謂好相，即見佛來摩頂，見光華種種異相，如此罪業便得盡除。若無好相可見，雖懺也不能滅去罪業，這樣求戒者現身便不能得戒。儘管現身不能得戒，但對將來能得益，利其增長受戒。

若求戒者犯有四十八輕戒，則以對首懺悔，其罪便得滅盡，此與七遮之罪不同。而教戒師，在授戒過程中，應對這些不同之處作一一詳解。

若為人戒師者，要真的已經悟解大乘經律，對於戒相輕重也能把握，能解第一義諦、習種性、長養性、性種性、不可壞性、道種性和正覺性等，能解其中菩薩階位觀行、性相、出入之別，對於十禪支等一切修行方法都應了悟於胸。如果不然，則不能為人戒師。若菩薩為了名聞利養，貪心多求，為從弟子那貪得供養而廣收徒眾，騙稱自己已經詳解一切經律。這種為了供養之利的行為，不僅是自我欺詐，亦欺詐他人。若如是與人授戒，則犯了輕垢罪。」

【說明】對授受菩薩戒提出具體的要求與規範。

又經文提及「三羯磨法」之區別如下（參考《佛光大辭典》「羯磨」詞條編成，見第七冊第六一三七—六一三九頁）：

方式		過錯程度	細分為
心念法	對所犯過錯獨自心想口念	微小之罪	但心念法 對首心念 眾法心念
對首法	對同修者一至三人	四十八輕罪	但對首法 眾法對首
眾僧法	對四人以上之同修者。此法為滅罪生善力最強者	用於重罪	單白法 白二法（白二羯磨） 白四法（白四羯磨）

第四十二　為惡人說戒戒

「若佛子，不得為利養故，於未受菩薩戒者前、若外道惡人前，說此千佛大戒❶。邪見人前，亦不得說。除國王，餘一切不得說❷。是惡人輩，不受佛戒，名為畜生，生生不見三寶。如木石無心，名為外道邪見人輩，木頭無異。而菩薩於是惡人前說七佛❸教戒者，犯輕垢罪。」

【注釋】❶千佛大戒　千佛，即指過去、現在和將來的所有佛。《法華玄義》卷六說：「摩耶是千佛之母，淨飯是千佛之父，羅睺羅千佛之子。」此處泛指千百億佛，因為在蓮華臺藏世界有千百億佛說此經，故語其為千佛大戒。下文七佛教戒者同此意。❷除國王二句　因為國王聰明，天生聖種，憑其大勢力，能彰護三寶。❸七佛　即毗婆尸佛、尸棄佛、毗舍浮佛、拘留孫佛、拘那含牟尼佛、迦葉佛、釋迦牟尼佛。前六者為釋迦佛以前出現的佛。

【語譯】「作為佛弟子者，不得為了獲得名聞利養，而在未受菩薩戒者前、在外道惡人前，即說此千佛大戒。在那些對佛持有邪見的人面前，亦不得說。除對具有天生聖種的國王外，對其餘的一切人都不得在其未受戒前說。對於那些持有邪見的惡人之輩，因其不受佛戒，與畜生不二。因邪念熾盛，會墮入永不能見三寶之地。此種人如木石般無心，正是外道邪見人，邪正不分，不知聖法，與木頭無異。所以，如果菩薩於這些惡人前說此七佛教戒，則犯輕垢罪。」

【說　明】為維護菩薩戒的純潔，對於惡人應暫不為其講授。應在其善根開啟、能發心為道後，方可為其講說授之。

第四十三　無慚受施戒

「若佛子，信心出家，受佛正戒。故起心毀犯聖戒者，不得受一切檀越供養，亦不得國王地上行，不得引國王水。五千大鬼，常遮其前。鬼言大賊。入房舍、城邑、宅中，鬼復常掃其腳跡。一切世人皆罵言：佛法中賊。一切眾生，眼不欲見。犯戒之人，畜生無異，木頭無異。若故毀正戒者，犯輕垢罪。」

【語　譯】「作為佛弟子者，本乃因對佛法的崇信而出家，但在受過佛教之正戒後又故意地犯戒，如此則不能接受施主的供養，也不能在國家中化緣活動，也不得用國家之一切生活用品。而且，還常常受大惡鬼的騷擾，即使其在房中、城邑、宅中活動，鬼也常常除其足跡。還會遭到所有人的痛斥，斥其為佛法大賊。所有的眾生都不願見這種違反佛法戒律的人。其實，犯戒之人與畜生無異、與無智無慧的木頭無異。所以，若有如此毀壞聖戒者，則犯了輕垢罪。」

【說　明】佛子因持戒而得立。若不持戒，不名佛子，實為佛法之賊，不能得到任何供養。

第四十四　不供養經典戒

「若佛子，常應一心受持、讀誦大乘經律。剝皮為紙，刺血為墨，以髓為水，析骨為筆，書寫佛戒。木皮穀紙，絹素竹帛，亦應悉書持。常以七寶❶、無價香華、一切雜寶為箱囊，盛經律卷。若不如法供養者，犯輕垢罪。」

【注釋】❶七寶　此處即古印度人常說的七種珍寶，諸經對七種珍寶的說法不盡一致。一般說來，它們是：金、銀、琉璃、頗梨（水晶）、車渠、赤珠、瑪瑙。

【語譯】「作為佛弟子者，應當別無二意，誠心受持、讀誦一切大乘經律。其精誠所至，甚至願意以自己皮膚為紙，以血為墨，以髓為水，以骨為筆抄寫流通佛制戒律，更不用說寫在以樹木之皮、穀殼用紙，或者絲綢竹板之上，以備朝夕讀誦持守了。而且，對於所抄寫持有的經卷律條，應當以鑲有七寶、無價香花以及其他一切寶物為飾的箱囊珍藏、供養。如不對其崇敬，如法莊嚴供養者，就犯了輕垢罪。」

【說明】法為三寶之一，佛法依賴經卷而存。是故，求法就必然恭敬經典。

第四十五 不化眾生戒

「若佛子，常起大悲心。若入一切城邑、舍宅，見一切眾生，應❶唱言：汝等眾生，盡應受三皈十戒。若見牛馬豬羊、一切畜生，應心念口言：汝是畜生，發菩提心。而菩薩入一切處，山林川野，皆使一切眾生發菩提心。是菩薩，若不發教化起生心者❷，犯輕垢罪。」

【注釋】❶應 《大正藏》本為「應當」。❷若不發教化起生心者 《大正藏》本為「若不教化眾生者」。

【語譯】「作為佛弟子者，應當常起大悲心。若入一切城邑、舍宅，見一切眾生，應廣為教化勸說：汝等眾生，都應當受三皈依十戒。見了牛馬豬羊、一切畜生，也應心念口言：汝是畜生，也應發菩提心。不論到山林川野的任何地方，修道者都應歸勸一切眾生，使其發菩提心。儘管自己已經是菩薩，但如果不廣為教化眾生，以令其發菩提心者，則犯了輕垢罪。」

【說明】菩薩求道為濟世度人。為達此大願，就要視一切眾生平等，一切眾生都是未成佛，相信他們將來都能成佛。這樣才能增進善根，使自己早達菩提妙果。

在三階教之道信者，正是如此也。

第四十六 說法不如法戒

「若佛子，常行教化，起大悲心。入檀越貴人家，一切眾中，不得立為白衣說法。應在白衣眾前，高座上坐❶。法師比丘，不得地立為四眾白衣❷說法。若說法時，法師高座，香華供養，四眾聽者下坐。如孝順父母，敬順師教，如事火婆羅門❸。其說法者，若不如法說，犯輕垢罪。」

【注　釋】❶高座上坐　金陵刻經處本為「高座土坐」，今據《大正藏》本改。❷白衣　在家、世俗之人，泛指一切不信佛教的人。《大正藏》本此處無「白衣」二字。❸事火婆羅門　佛教所說的古印度的外道之一，其信徒祭祀供養火天阿耆尼(Agni)。

【語　譯】「作為佛弟子，自度是為度人，所以應常起大悲心，廣行教化。不論是入檀越貴人之家，還是其他一切眾生之中，說法之事都應莊嚴。故在白衣眾前說法，應莊嚴高座，聽者為下，然後說法，以令眾生不起怠慢佛法之心。法師比丘也不得站在地上為四眾或白衣說法。若要說法，應當法師高座，以香華供養，四眾聽者下坐恭聽。如兒女孝順父母、弟子敬順師傅一般，也如事火婆羅門拜火一樣。若其說法者不如此行，則犯了輕垢罪。」

【說　明】古人曰：名正方可言順。說法要有規範、恭敬的程式以厚植佛性種子，才能使眾生不生怠慢佛法之心，以利其佛性生長。

第四十七　非法制限戒

「若佛子，皆以信心受戒者。若國王、太子、百官、四部弟子，自恃高貴，破滅佛法戒律。明作制法，制我四部弟子，不聽出家行道，亦復不聽造立形像、佛塔經律。立統制眾❶，安籍記僧。菩薩、比丘地立，白衣高座，廣行非法，如兵奴事主。而菩薩應受一切人供養，而反為官走使，非法非律。若國王、百官，好心受佛戒者，莫作是破三寶之罪。而故作破法者，犯輕垢罪。」

【注　釋】❶立統制眾　即指政府設置僧官以約束佛教。統，指「僧統」，此處泛指僧官。據贊寧《僧史略》，中國初立僧官乃於姚秦之時，名為「僧正」、「悅眾」、「僧錄」。「秦主勅選道䂮」由政府「給車與吏力」，「僧正」在政府官員中的序列，「秩同侍中，餘則差隆。」（《僧史略》卷中）晉室南遷後，南方「蔑聞此職」，直至劉宋時才立沙門都，又以尼寶賢為僧正。北方，在北魏太武帝毀佛後，繼之者文成帝於興安元年（西元四五二年）下詔復興佛教，又於中央政府中設置僧官統轄佛教，「改僧統領緇眾」。和平元年（西元四六〇年）政府設「大統」一人、「統」一人及都維那來管理佛教，「安籍記僧」。

【語　譯】「作為佛弟子者，都是因為對佛道之崇敬而受戒。可是，如果有的國王、太子、百官或者四部弟子，自恃其高貴身家或種姓，而做破壞佛法之舉，或者通過一系列的法律來約束四部弟子，並妨礙人民出家學道；或者不讓民眾、居士造像供養，不讓建築佛塔以安藏經律；或者設置僧官、為僧尼建籍妨礙出家；或者令使菩薩、比丘站立，而自己高座在堂，猶如主僕之事者，均為行非法之事。要知道，修習菩薩道者應廣受一切人天供養，如果反被官府豪強差遣使役，這都是非法之舉。所以說，若國王、百官等眾要好心受佛戒，千萬莫作如上之破三寶之罪。如果故作此行、毀壞佛法者，則犯了輕垢罪。」

【說　明】在佛陀所處的五印列國時代，國家並沒有設置僧官來管理佛教。姚秦崇佛，置僧官當不為制僧，從此處也有理由相信，《梵網經》也許確為中國僧人依據已經翻譯的大乘經律所編作，其成書大概正是在北魏法難之時或略為其後。

第四十八　破法戒

「若佛子，以好心出家，而為名聞利養，於國王、百官前說佛戒者❶，橫與❷比丘、比丘尼、菩薩戒弟子作繫縛事，如獄囚法，兵奴之法❸。如獅子身中蟲，自食獅子肉，非餘外蟲。如是佛子，自破佛法，非外道天魔能破。

若受佛戒者，應護佛戒，如念一子、如事父母，不可毀破。而菩薩聞外道惡人以惡言謗佛戒之聲，如三百鉾刺心、千刀萬杖打拍其身，等無有異。寧自入地獄，經於百劫，而不聞一惡言破佛戒之聲。況自破佛戒，教人破法因緣，亦無孝順之心。若故作者，犯輕垢罪。」

如是九戒應當學，敬心奉持。

【注釋】❶佛戒者　《大正藏》本為「七佛戒」。❷橫與　即以世俗之律法對犯戒僧懲制。以佛教律法制之為直治。❸如獄求法二句　《大正藏》本無「如獄求法，兵奴之法」。

【語譯】「作為佛弟子者，以求道之心出家，而為了名聞利養之故，爭名鬥勝，而在國王、百官面前說佛戒者，張揚某比丘、比丘尼犯了佛戒，致使國王以世俗法律對待菩薩弟子，使之遭遇牢獄之災，被捕應訟，或被賣為奴。此等爭名鬥勝的比丘正如獅子身中蟲一般是在食噬獅子肉，而不是獅身外蟲。這種佛子，自破佛法，其破壞性非外道惡魔所能達。

既然受了佛戒，就應謹護佛戒。正如父母念子，也似子事父母，不可毀破。菩薩佛子一旦聞外道惡人以惡言誹謗佛戒之聲，則如三百鉾刺心，又似千刀萬杖打拍自身一般。所以菩薩寧自入地獄，經於百劫，也不願聽聞一句破壞佛戒的惡言惡聲，何況是自己破壞佛戒，或教人破法、助其惡行、無孝順之心的行為呢！若故意為之，則犯輕垢罪。」

若要修習大乘佛教法，上述的九條戒律應當敬心學習，歡喜奉持。

【說明】佛子不能為了自己的名聞利養而張揚僧團內部之事。僧團之事應以佛法治之，不能為了譁眾取寵而揚他人是非。

諸佛子，是四十八輕戒❶，汝等受持❷。過去諸菩薩已誦，未來諸菩薩當誦，現在諸菩薩今誦。

諸佛子聽：十重四十八輕戒，三世諸佛已誦、當誦、今誦，我今亦如是誦。汝等一切大眾，若國王、王子、百官、比丘、比丘尼、信男、信女，受持菩薩戒者，應受持、讀誦、解說、書寫。佛性常住戒卷❸，流通三世，一切眾生，化化不絕。得見千佛，佛佛授手。世世不墮惡道八難❹，常生人道、天中❺。

我今在此樹下，略開❻七佛法戒。汝等大眾❼，當一心學波羅提木叉，歡喜奉行。如〈無相天王品〉勸學中一一廣明。

三千學士❽，時坐聽者，聞佛自誦，心心頂戴，喜躍受持。

【注釋】❶四十八輕戒　就像對於十重戒，不同時期的經典有著不同的說法一樣，關於「輕戒」諸經所言也不盡一致。如：《優婆塞戒經》說有二十八；《菩薩地持經》說有四十二；《菩薩善戒經》說有五十；《菩薩瓔珞本業經》說有八萬威儀；《梵網經》說有四十八。❷受持　即受戒與持戒。❸佛性常住戒卷　佛性本有，但憑持戒清淨而顯得成佛性。佛性常住依於佛戒常住，此為佛性常住戒卷。❹惡道八難　見本卷「第五不教悔罪戒」注。❺人道天中　人道，或稱為人間、人界，乃六道之一、五趣之一和十界之一。天中，即天上，六道之一。人道和天中均為善業。如《中阿含經》卷四〇、《黃蘆園經》說，成就正見者，「身壞命終，必昇善處，上生天中。」❻略開　有八萬四千細行即有八萬四千戒法。但歸其要旨，即此十重四十八輕，故為略開。❼汝等大眾　《大正藏》本無「大眾」二字。❽學士　即潛心學習佛法之人，也即菩薩、開士。

【語譯】作為佛弟子者，如此四十八輕戒，你們應當領受持守，以保佛性生長、戒體不失。此四十八輕戒，過去諸菩薩已誦，未來諸菩薩當誦，現在諸菩薩也時刻誦持。

諸佛子注意聽，此十重戒和四十八輕戒，既然三世諸佛都已誦、當誦和正在誦持，自己當然也要盡心持誦。汝等大眾，不論是國王、王子、百官、比丘、比丘尼、信男、信女，所有受持菩薩戒者，都應受持、讀誦、教化解說、書寫流布。因為佛性因戒而存、因持戒而生，戒在佛性在，所以要使佛戒流通三世，化被一切眾生，化化不絕。如此，才得見千佛。因憑千佛伸手摩頂加庇，才能萬劫不墮惡道八難，常生人天中。

我今在此菩提樹下，略開七佛法戒。汝等大眾，應當一心學此波羅提木叉，歡喜奉行，如《梵網經》之〈無相天王品〉勸學中一一廣明那樣。

三千菩薩，此時坐而聆聽，聞得佛自誦此波羅提木叉，個個心心頂戴，喜躍受持。

【說　明】此為流通分，也總述了菩薩戒的體性功用。

爾時，釋迦牟尼佛說上蓮華臺藏世界，盧舍那佛〈心地法門品〉中，十無盡戒❶法品中竟，千百億釋迦亦如是說。從摩醯首羅天王宮，至此道樹❷下，住處❸說法品，為一切菩薩、不可說大眾受持讀誦，解說其義，亦如是。千百億世界、蓮華藏世界、微塵世界，一切佛心藏、地藏、戒藏、無量行願藏、因果佛性常住藏❹。如是一切佛說，無量一切法藏竟。千百億世界中，一切眾生受持，歡喜奉行。

若廣開心地，相相，如〈佛華光王七行品〉中說。

【注　釋】❶十無盡戒　即本卷所說的十重戒。❷道樹　即菩提樹。原名為畢波羅樹，因佛陀在此樹下悟道，所以又叫做道樹。❸住處　《大正藏》本為「十住處」，即釋迦佛次第說法的十個地方：第一先從首羅天王宮的普光明殿說十世界海，其次在忉利天說十住，第三到夜摩天說十行，第四到兜率陀天說十迴向，第五到化樂天說十禪定，第六到他化自在天說十地，第七初禪地說十金剛，第八二禪地說十忍，第九三禪地說十願，第十在四禪地說心地法門。最後在菩提樹下成正覺，共有十住處。❹佛心藏地藏戒藏二句　三十心（十住、十行、十迴向）含藏一切佛法，故名「心藏」。十地菩薩心地周遍法界，含攝一切，是為「地藏」。十戒具足，故名「戒藏」。菩薩發願起行，行遍法界，修成無量功德福慧，故名「無量行願藏」。佛性因戒而得生長，其為成佛之因，佛性住於戒中，其為佛果，故名「因果佛性常住藏」。

【語　譯】爾時，釋迦牟尼佛在蓮華臺藏世界，說盧舍那佛〈心地法門品〉、說十無盡戒法品後，無量世界的千百億釋迦從摩醯首羅天王宮，至此菩提樹下，先後在十個地方為一切菩薩、為不可說數的無量大眾受持讀誦此波羅提木叉，解說其義。在千百億世界、蓮華臺藏世界以及微塵世界中，說一切佛心藏、地藏、戒藏和無量行願藏、佛性常住藏。如是一切佛說，均含藏一切法甚深真義。千百億世界中一切眾生都領誦受持，歡喜奉行。

心地為一，若為廣開，其相無量。此等涵義在《梵網經》之〈佛華光王七行品〉中廣說。

【說　明】此為流通分，說明無量釋迦菩薩志在弘宣此千佛大戒。

明人忍慧強❶，能持如是法。未成佛道間❷，安獲五種利：

一者十方佛，愍念常守護。二者命終時，正見心歡喜。

三者生生處，為諸菩薩友。四者功德聚，戒度❸悉成就。

五者今後世，性戒福慧滿。此是諸佛子❹，智者善思量。

計我著相者，不能信是法。滅壽取證者❺，亦非下種處。

欲長菩提苗，光明照世間。應當淨觀察❻，諸法真實相。

不生亦不滅，不常復不斷。不一亦不異，不來亦不去❼。

如是一心中，方便勤莊嚴。菩薩所應作，應當次第學。

於學於無學❽，勿生分別想，是名第一道，亦名摩訶衍❾。

一切戲論惡❿，悉從是處滅。諸佛薩婆若⓫，悉由是處出。

是故諸佛子，宜發大勇猛。於諸佛淨戒，護持如明珠。

過去諸菩薩，已於是中學，未來者當學，現在者今學。

此是佛行處，聖主所稱歎。我已隨順說，福德無量聚，

迴以施眾生，共向一切智。願聞是法者，疾得成佛道。

【注釋】❶明人忍慧強　明人，即具有智慧、了然因果、達於諸法實相之人。忍，即忍耐，對違逆之境、怨恨辱罵不起瞋心也；安住於正道理而不為妄念所動，以忍止惡。其實忍、慧有著因果關係的。《佛遺教經》中說：「當以聞思修慧而自增益。若人有智慧之照，雖無天眼，而是明見人也，是為智慧。」❷未成佛道間　修菩薩道，定能成佛。但要經過極長的時間（三大阿僧祇劫時間）。❸戒度　即戒波羅蜜。因其止惡、揚善，戒德光潔圓滿而能自度度人。❹此是諸佛子　《大正藏》本為「此是佛行處」。❺滅壽取證者　滅壽，此處指二乘者，因

為二乘者知我空而不知法空，把涅槃理解成灰身滅智。取證，此處指凡夫，因為凡夫執涅槃佛性為實有，把修行理解成對佛性的實證，而不識其空性。《大正藏》本為「滅盡取證者」。❻淨觀察　止妄念、守淨心、持佛戒、觀淨土，是為淨觀察。❼不生亦不滅四句　這即是八不中道之理。諸法實相超越生滅，故為不生不滅；因為剎那無住而又永住，故為不常不斷；諸法相多體一，同為中道空相，故為不一不異；以俗義看，諸法有往復來去，從勝義看其性為永恒無動，故為不來不去。❽學於無學　學是因，無學是果。修道之初果、二果、三果均有學，阿羅漢果是無學。「學」是有為法，有功用道，「無學」是無為法，無功用道。所以「學」為方便手段，「無學」才是真正目的。❾摩訶衍　梵文的音譯，其意即大乘佛法。相應地，小乘即指聲聞和緣覺二者。❿一切戲論惡戲論，即違反大乘法的言論和觀念，如貪愛、我慢、種種執見。執於學無學、分別想即為戲論。《大正藏》本此處為「一切戲論處」。⓫薩婆若　即諸佛於究竟圓滿果位所擁有的廣大甚深智慧。

【語　譯】達於諸法實相的人忍力堅定、妄念不動，智慧能止惡修善，無堅不摧。因而能持千佛聖戒，在未成佛道之前的修行中，即能安獲五種利益福報。

第一利是能被十方諸佛時刻憫念守護，百惡不侵；第二利是在命終時，不見地獄唯見佛國淨土，心生歡喜。

第三利是能生生世世與諸菩薩為伴；第四利是因其止惡、揚善，而自度度人，戒德光潔圓滿。

第五利是在今世或後世，性戒清淨，福慧圓滿，成為佛子。真正有智的佛子，都應認真思量，何時才能得證成佛。

但是凡人計我著相、我執我慢，故不能證得此法。二乘之人，仍有法執，著於涅槃，亦不能證得真果。

所以，修道如欲厚植佛性、增長菩提，以自心光明遍照世間，就應當止妄念、守本心嚴謹持戒，如此才能觀得諸法之實相。

也即是體悟諸法實相為不生不滅，不常不斷，不一不異，不來不去之理，這即是八不中道。如是真心形成，妄心不起，勸修嚴持，以戒德莊嚴本心。菩薩應當修一心而達於萬行，修萬行而歸於一心。佛子應當次第學習十住、十行、十迴向、十地位。

對於「學」於「無學」，不要妄生分別執著之念，要知道，明其實相，即達第一道，亦就是大乘之法。

了悟大乘法，一切貪執、分別之戲論，就會從此徹底斷除。諸佛所具的甚深廣大智慧，也是因由此處而成。

因此諸佛子，應當勇猛精進，斷除戲論，深解真法，嚴淨持戒，精護萬行。護持戒如明珠般光潔無瑕，以入於薩婆若之無量智慧海。

只有持戒精進才能達於佛智，過去諸菩薩正是這樣修學，未來諸菩薩也當這樣學，現在諸菩薩正在如此學。

因為這正是諸佛由此入薩婆若海處。三佛諸佛稱歎的波羅提木叉，我已隨順說。其所得的無量福慧功德，

也將迴向施與眾生，以促其早達薩婆若。但願聽聞本法者，早日得佛慧成佛道。

【說　明】本偈對梵網戒的持守、發行和功德又作了一次回顧與總結，其意在於提高佛子持戒修學的主動性和自覺性，鞏固佛子的信心。東大寺沙門凝然在其《梵網戒本疏日珠抄》卷六中說：「戒

相無量持行多端，持一箇戒得一解脫，持十重戒得十解脫，四十八輕八萬威儀無邊細行其事皆爾。」五種利益福報可歸於一，那即是達於聖道。

本經曾為千佛所制所演，所以讀誦能得功德無量，可令眾生滅罪得福，能令自己消災解難、福慧雙修。

主要參考書目

《梵網經》，姚秦・鳩摩羅什譯，《大正藏》第二四冊
《大乘瑜伽金剛性海曼殊室利千臂千鉢大教王經》，唐・不空譯，《大正藏》第二〇冊
《菩薩戒儀疏》，唐・智者撰，《大正藏》第四〇冊
《梵網經古迹記》，新羅・太賢集，《大正藏》第四〇冊
《四分律》，姚秦・佛陀耶舍、支法領譯，《大正藏》第二二冊
《妙法蓮華經》，姚秦・鳩摩羅什譯，《大正藏》第九冊
《大般涅槃經》，北涼・曇無讖譯，《大正藏》第一二冊
《大方廣佛華嚴經》，東晉・佛馱跋陀羅譯，《大正藏》第九冊
《維摩詰所說經》，姚秦・鳩摩羅什譯，《大正藏》第一四冊
《長阿含經》，姚秦・佛陀耶舍、竺念佛譯，《大正藏》第一冊
《中阿含經》，東晉・僧伽提婆、僧伽羅叉譯，《大正藏》第一冊
《雜阿含經》，南朝宋・求那跋陀羅譯，《大正藏》第二冊
《增一阿含經》，東晉・瞿曇僧伽提婆譯，《大正藏》第二冊

《高僧傳》，梁・慧皎撰，湯用彤校注，北京：中華書局，一九九二
《高僧傳二集》，唐・道宣撰，金陵刻經處本
《宋高僧傳》，宋・贊寧撰，范祥雍點校，北京：中華書局，一九八七
《出三藏記集》，梁・僧佑撰，蘇晉仁、蕭鍊子點校，北京：中華書局，一九九五
《南海寄歸內法傳》，唐・義淨撰，金陵刻經處本
《佛家名相通釋》，熊十力著，上海：東方出版中心，一九九六
《周叔迦佛學論著集》（上、下），周叔迦著，北京：中華書局，一九九一
《中國佛學源流略講》，呂澂著，北京：中華書局，一九七九
《漢魏兩晉南北朝佛教史》（上、下），湯用彤著，北京：中華書局，一九八三
《辭海》（一九九九年版），上海：上海辭書出版社
《佛光大辭典》（八冊），北京：北京圖書館出版社，一九八九
《佛教大辭典》，中村元著，東京：東京書籍株式會社，一九八三年
《佛教大辭典》，吳汝鈞編著，北京：商務印書館國際有限公司，一九九四

後記

經典新譯是文化傳承與發展的一種表現形式，也是這種傳承與發展的一種重要推動力。如何在這種譯本中繼承前人已有的成果，並能反映今日的思想觀念，是本書拙譯者始終考慮的問題。所以本書一方面吸取了前輩、專家的成果，一方面又儘量融入自己的學習體會和拙見。在語言和經典的詮釋使用上，儘量符合今人，尤其是青年人的接受習慣，努力做到學術性、義理性和通俗性的統一，提高本書的可讀性，以擴大本書的受眾面。正因為有此考慮，本注譯雖然閱讀智者、法藏等前賢大德有關注解，但並沒有亦步亦趨地大量引注，而是融會其思想，借鑑其理解。這一方面可以減少書籍的成本，另一方面也使文義能夠簡潔明瞭。

我想，這才是經典今注今譯的價值和意義之所在。如果，僅僅滿足於以經解經、以論議論，這樣對於專業者而言，所言或淺；而對於業餘者或在家初發心居士、青少年、佛學愛好者及一般讀者而言，所言或又深。本書儘量在這兩者之間求得一種平衡，做到在正信、正法的基礎上，以較為客觀的立場分析說明。西諺說：「有一千個讀者就有一千個哈姆萊特。」我想，這正是經典常青之根本所在。但是，這一千個哈姆萊特又必須都是哈姆萊特，你不能把他理解成詹士邦(James Bond)。這可能也正是經典之所以能夠成為經典而不朽的原因。對佛教經典的詮釋又何嘗不是如此。同樣一本經，宋人與唐人所說不盡一致，明人與宋人所解也有所差異，清末民初的高僧大德所言又與宋明大家之注有著不同。這正說明了經典內涵的豐富性、經典主旨的常青性、經典精神的進步性和經典體系的開放性。這，也正是今注今譯所應注意的。

儘管筆者有此願望，但限於學識水平和時間不足，難領博大精深的經典奧義，其中定有諸多罅漏誤失，這有待諸山長老、高僧大德、法師居士、前輩專家和讀者的批評指正。但是，筆者在做這件工作時的熱情與努力卻是積極的、認真的，更是真誠的。

最後，我要謝謝三民書局的諸位先生對本書的出版所作出的巨大勞動，尤其在本書注譯中的督促、指導與幫助，正是他們高尚的操守和寬容的態度使本書能夠付梓出版。當然，書中所有罅漏錯誤之責均由注譯者承擔。

王建光

農曆甲申年仲春

於紫金山下

南京農業大學・三一齋

古籍今注新譯叢書

【哲學類】

新譯四書讀本　謝冰瑩等編譯
新譯學庸讀本　王澤應注譯
新譯論語新編解義　胡楚生編著
新譯孝經讀本　賴炎元等注譯
新譯易經讀本　郭建勳注譯
新譯周易六十四卦經傳通釋　黃慶萱注譯
新譯乾坤經傳通釋　黃慶萱注譯
新譯易經繫辭傳解義　吳　怡著
新譯禮記讀本　姜義華注譯
新譯儀禮讀本　顧寶田等注譯
新譯孔子家語　羊春秋注譯
新譯老子讀本　余培林注譯
新譯帛書老子　趙　鋒注譯
新譯老子解義　吳　怡著
新譯莊子讀本　黃錦鋐注譯
新譯莊子讀本　張松輝注譯
新譯莊子本義　水渭松注譯
新譯莊子內篇解義　吳　怡著
新譯列子讀本　莊萬壽注譯
新譯管子讀本　湯孝純注譯
新譯墨子讀本　李生龍注譯
新譯公孫龍子　丁成泉注譯
新譯晏子春秋　陶梅生注譯
新譯鄧析子　徐忠良注譯
新譯荀子讀本　王忠林注譯
新譯尹文子　徐忠良注譯
新譯尸子讀本　水渭松注譯
新譯鶡冠子　趙鵬團注譯
新譯鬼谷子　王德華等注譯
新譯韓非子　傅武光等注譯
新譯呂氏春秋　朱永嘉等注譯
新譯韓詩外傳　孫立堯注譯
新譯淮南子　熊禮匯注譯
新譯春秋繁露　朱永嘉等注譯
新譯新書讀本　饒東原注譯
新譯新語讀本　王　毅注譯
新譯潛夫論　彭丙成注譯
新譯論衡讀本　蔡鎮楚注譯
新譯申鑒讀本　林家驪等注譯
新譯人物志　吳家駒注譯
新譯張載文選　張金泉注譯
新譯近思錄　張京華注譯
新譯傳習錄　李生龍注譯
新譯呻吟語摘　鄧子勉注譯
新譯明夷待訪錄　李廣柏注譯

【文學類】

新譯詩經讀本　滕志賢注譯
新譯楚辭讀本　林家驪注譯
新譯楚辭讀本　傅錫壬注譯
新譯文心雕龍　羅立乾注譯
新譯六朝文絜　蔣遠橋注譯
新譯世說新語　劉正浩等注譯
新譯昭明文選　周啟成等注譯
新譯古文觀止　謝冰瑩等注譯
新譯古文辭類纂　黃　鈞等注譯
新譯樂府詩選　溫洪隆注譯
新譯古詩源　馮保善注譯
新譯千家詩　邱燮友等注譯
新譯詩品讀本　成　林等注譯
新譯花間集　朱恒夫注譯
新譯南唐詞　劉慶雲注譯
新譯絕妙好詞　聶安福注譯
新譯唐詩三百首　邱燮友注譯
新譯宋詩三百首　陶文鵬注譯
新譯宋詞三百首　汪　中注譯
新譯宋詞三百首　劉慶雲注譯
新譯元曲三百首　賴橋本等注譯
新譯明詩三百首　趙伯陶注譯
新譯清詩三百首　王英志注譯
新譯清詞三百首　陳水雲等注譯
新譯唐人絕句選　卞孝萱等注譯
新譯唐才子傳　戴揚本注譯
新譯拾遺記　石　磊注譯
新譯搜神記　黃　鈞注譯
新譯唐傳奇選　束　忱等注譯
新譯宋傳奇小說選　束　忱注譯
新譯明傳奇小說選　陳美林等注譯

新譯容齋隨筆選　朱永嘉等注譯
新譯明散文選　周明初注譯
新譯明清小品文選　鄭　婷注譯
新譯人間詞話　馬自毅注譯
新譯白香詞譜　劉慶雲注譯
新譯幽夢影　馮保善注譯
新譯菜根譚　吳家駒注譯
新譯小窗幽記　馬美信注譯
新譯圍爐夜話　馬美信注譯
新譯郁離子　吳家駒注譯
新譯歷代寓言選　黃瑞雲注譯
新譯賈長沙集　林家驪注譯
新譯揚子雲集　葉幼明注譯
新譯曹子建集　曹海東注譯
新譯建安七子詩文集　韓格平注譯
新譯阮籍詩文集　林家驪注譯
新譯嵇中散集　崔富章注譯
新譯陸機詩文集　王德華注譯
新譯陶淵明集　溫洪隆注譯
新譯江淹集　羅立乾等注譯
新譯庾信詩文選　歸　青注譯
新譯初唐四傑詩集　李福標注譯
新譯駱賓王文集　黃清泉注譯
新譯王維詩文集　陳鐵民注譯
新譯孟浩然詩集　楊　軍注譯
新譯李白詩全集　郁賢皓注譯
新譯李白文集　郁賢皓注譯
新譯杜甫詩選　張忠綱等注譯

新譯杜詩菁華　林繼中注譯
新譯高適岑參詩選　孫欽善等注譯
新譯昌黎先生文集　周啟成等注譯
新譯劉禹錫詩文選　閻　琦注譯
新譯柳宗元文選　卞孝萱等注譯
新譯白居易詩文選　陶　敏等注譯
新譯元稹詩文選　郭自虎注譯
新譯李賀詩集　彭國忠注譯
新譯杜牧詩文集　張松輝注譯
新譯李商隱詩選　朱恒夫等注譯
新譯范文正公選集　王興華等注譯
新譯蘇洵文選　羅立剛注譯
新譯蘇軾文選　滕志賢注譯
新譯蘇軾詞選　鄧子勉注譯
新譯蘇轍文選　朱　剛注譯
新譯曾鞏文選　高克勤注譯
新譯王安石文選　沈松勤注譯
新譯唐宋八大家文選　鄧子勉注譯
新譯柳永詞集　侯孝瓊注譯
新譯李清照集　姜漢椿等注譯
新譯陸游詩文選　韓立平注譯
新譯辛棄疾詞選　聶安福注譯
新譯歸有光文選　鄔國平注譯
新譯唐順之詩文選　馬美信注譯
新譯徐渭詩文選　周　群等注譯
新譯薑齋文集　平慧善注譯
新譯顧亭林文集　劉九洲注譯
新譯納蘭性德詞　馮　乾注譯

新譯方苞文選　鄔國平等注譯
新譯鄭板橋集　朱崇才注譯
新譯袁枚詩文選　王英志注譯
新譯李慈銘詩文選　潘靜如注譯
新譯聊齋誌異選　任篤行等注譯
新譯閱微草堂筆記　嚴文儒注譯
新譯浮生六記　馬美信注譯
新譯弘一大師詩詞全編　徐正綸編著

歷史類

新譯史記　韓兆琦注譯
新譯漢書　吳榮曾等注譯
新譯後漢書　魏連科等注譯
新譯三國志　吳樹平等注譯
新譯資治通鑑　張大可等注譯
新譯史記—名篇精選　韓兆琦注譯
新譯尚書讀本　吳　璵注譯
新譯尚書讀本　郭建勳注譯
新譯周禮讀本　賀友齡注譯
新譯逸周書　牛鴻恩注譯
新譯左傳讀本　郁賢皓等注譯
新譯公羊傳　雪　克注譯
新譯穀梁傳　顧寶田注譯
新譯春秋穀梁傳　周　何注譯
新譯戰國策　溫洪隆注譯
新譯國語讀本　易中天注譯
新譯說苑讀本　左松超注譯
新譯說苑讀本　羅少卿注譯

新譯新序讀本　葉幼明注譯
新譯吳越春秋　黃仁生注譯
新譯西京雜記　曹海東注譯
新譯列女傳　黃清泉注譯
新譯越絕書　劉建國注譯
新譯燕丹子　曹海東注譯
新譯東萊博議　李振興等注譯
新譯唐六典　朱永嘉等注譯
新譯唐摭言　姜漢椿注譯

宗教類

新譯金剛經　徐興無注譯
新譯高僧傳　朱恒夫等注譯
新譯碧巖集　吳　平注譯
新譯百喻經　顧寶田注譯
新譯楞嚴經　賴永海等注譯
新譯梵網經　王建光注譯
新譯圓覺經　商海鋒注譯
新譯法句經　劉學軍注譯
新譯六祖壇經　李中華注譯
新譯禪林寶訓　李中華注譯
新譯維摩詰經　陳引馳等注譯
新譯經律異相　顏洽茂注譯
新譯阿彌陀經　蘇樹華注譯
新譯無量壽經　邱高興注譯
新譯無量壽經　蘇樹華注譯
新譯妙法蓮華經　張松輝注譯
新譯景德傳燈錄　顧宏義注譯
新譯大乘起信論　韓廷傑注譯
新譯釋禪波羅蜜　蘇樹華注譯
新譯八識規矩頌　倪梁康注譯
新譯永嘉大師證道歌　蔣九愚注譯
新譯華嚴經入法界品　楊維中注譯
新譯地藏菩薩本願經　李承貴注譯
新譯悟真篇　劉國樑等注譯
新譯无能子　張松輝注譯
新譯坐忘論　張松輝注譯
新譯列仙傳　張金嶺注譯
新譯抱朴子　李中華注譯
新譯神仙傳　周啟成注譯
新譯性命圭旨　傅鳳英注譯
新譯老子想爾注　顧寶田等注譯
新譯周易參同契　劉國樑注譯
新譯道門觀心經　王　卡注譯
新譯養性延命錄　曾召南注譯
新譯樂育堂語錄　戈國龍注譯
新譯冲虛至德真經　張松輝注譯
新譯長春真人西遊記　顧寶田等注譯
新譯黃庭經・陰符經　劉連朋等注譯

軍事類

新譯司馬法　王雲路注譯
新譯尉繚子　張金泉注譯
新譯三略讀本　傅　傑注譯
新譯六韜讀本　鄔錫非注譯
新譯吳子讀本　王雲路注譯
新譯孫子讀本　吳仁傑注譯
新譯李衛公問對　鄔錫非注譯

教育類

新譯爾雅讀本　陳建初等注譯
新譯顏氏家訓　李振興等注譯
新譯聰訓齋語　馮保善注譯
新譯曾文正公家書　湯孝純注譯
新譯三字經　黃沛榮注譯
新譯百家姓　馬自毅等注譯
新譯幼學瓊林　馬自毅注譯
新譯增廣賢文・千字文　馬自毅注譯
新譯格言聯璧　馬自毅注譯

政事類

新譯商君書　貝遠辰注譯
新譯鹽鐵論　盧烈紅注譯
新譯貞觀政要　許道勳注譯

地志類

新譯山海經　楊錫彭注譯
新譯水經注　陳橋驛等注譯
新譯佛國記　楊維中注譯
新譯大唐西域記　陳　飛等注譯
新譯洛陽伽藍記　劉九洲注譯
新譯徐霞客遊記　黃　珅注譯
新譯東京夢華錄　嚴文儒注譯

◎新譯大乘起信論

韓廷傑／注譯　潘栢世／校閱

這是一部具爭議性、對佛教思想在中國發展有深鉅影響的論典，一部曾給當代哲學家牟宗三先生極大思想啟發的佛學著作。「一心開二門」詳細說明了凡聖不同的因由；從「不覺」到「覺」，更明確點出了落實在修行活動中的「始覺」觀念。是心迷為凡、覺悟成聖的圓滿理論展示。透過本書精要的注譯，為世人親近佛教原典、進探佛法義海，提供了一條現代之路。